MANHATTAN PROJECT

PHOTOGRAPHS BY JAN STALLER

Foreword by | Avant-propos de NEIL DEGRASSE TYSON
Essay by | Essai de BRETT LITTMAN

5 CONTINENTS

4–5 Foreword
Avant-propos

Neil deGrasse Tyson

10–11 Manhattan Project: The Photography of Jan Staller
Manhattan Project : la photographie de Jan Staller

Brett Littman

21 Works
Œuvres

117 List of Works
Index des œuvres

119 Biography
Biographie

Avant-propos
Neil deGrasse Tyson

Si les immeubles étaient des étoiles, alors les villes seraient leurs galaxies – d'immenses regroupements d'étoiles, serrées les unes aux autres, distinctes et séparées des autres galaxies à travers l'univers. Dans la plupart des galaxies, celles qui sont riches en gaz, les étoiles meurent et renaissent continuellement. Et lorsqu'une galaxie épuise son gaz, la formation des étoiles prend fin, à jamais. Dans la vie de tout citadin, arrive un moment où se pose cette question à la fois naïve et sérieuse : « Mais quand tous les chantiers de la ville seront-ils enfin terminés ? »

Je suis new-yorkais depuis ma naissance, et j'étais élève au lycée quand je me suis livré au calcul suivant : quelle est la durée moyenne de vie d'un bâtiment : 25, 50, 100 ans ? Estimons-la à 75 ans. La plupart des horizons urbains changent radicalement en 75 ans. D'où la question suivante : « Combien d'immeubles y a-t-il dans ma ville ? » Limitons cet exercice mathématique à Manhattan. Les données du département de l'Urbanisme indiquent un nombre dépassant les 100 000 bâtiments. Bien. Supposons qu'un quart d'entre eux (soit 25 000) soient des éléments permanents du paysage urbain, comme le Rockefeller Center, le Chrysler Building ou le Metropolitan Museum of Art. Bien sûr, certaines structures, qu'on croyait éternelles au moment de leur construction, ont finalement disparu : le Yankee Stadium (dans le Bronx), démoli et reconstruit en 2010 – il avait servi 87 ans ; l'hôtel Mayflower, sur Central Park West, détruit en 2004 après 78 ans d'existence ; le planétarium Hayden, entièrement reconstruit à partir de 1997, qui a duré 62 ans ; et l'ancienne Penn Station, si richement décorée, démolie en 1963, après 53 ans de service.

Poursuivons notre raisonnement mathématique : si 75 000 bâtiments sont reconstruits tous les 75 ans (et pas tous en même temps), alors 1 000 chantiers ont lieu chaque année dans le minuscule arrondissement de Manhattan – qui fait environ 21 kilomètres de longueur par moins de 4 kilomètres de largeur à son maximum. Or aujourd'hui, rien ne se construisant en un an, Manhattan accueille donc en permanence plusieurs milliers de chantiers à la fois. À titre de comparaison, l'Empire State Building, achevé en 1930, alors le plus haut bâtiment du monde, a été construit en seulement 13 mois et demi.

Donc, à la question : « Quand est-ce que tous les chantiers de construction de cette ville seront terminés ? », la seule réponse simple est évidemment « jamais ».

Nous arpentons tous les rues, souvent déviés de notre chemin par des panneaux de sécurité signalant des zones de construction. Nous passons sous et autour des échafaudages, comme si nous naviguions dans une forêt urbaine de

Foreword

Neil deGrasse Tyson

If buildings were stars, then cities would be their galaxies—mass collections of stars, huddled together, distinct and separate from other galaxies across the universe. For most galaxies, those rich in gas, stars continually die and are reborn. When a galaxy runs out of gas, the formation of stars is finished, forever. There also comes a time in the lives of urban dwellers when we ask the naive but serious question: When will all the construction in the City be finished?

As a born-and-raised New Yorker, I did that very calculation while still in high school. First I estimated how long a building lasts, on average. Maybe 25 years? 50 years? 100 years? Let's say 75 years. Most skylines look completely different after 75 years. The next question was: How many buildings are there? If we limit this mathematical exercise to Manhattan, and obtain data from the Department of City Planning, the number exceeds 100,000. Okay. Let's say a quarter of them (25,000) are forever-fixtures of the skyline, like Rockefeller Center, the Chrysler Building, or the Metropolitan Museum of Art. Of course, some structures, believed at the time of construction to be forever, turned out not to be. The original Yankee Stadium (in the Bronx) was demolished and rebuilt in 2010, after 87 years. The Hotel Mayflower on Central Park West was demolished in 2004, after 78 years. The original Hayden Planetarium, completely rebuilt beginning in 1997, lasted 62 years. And the original and ornately decorated Penn Station, demolished in 1963, lasted 53 years.

Continuing the math, if 75,000 buildings are rebuilt every 75 years and not all at once, then that's 1,000 active construction sites per year in the tiny borough of Manhattan—about thirteen miles long and just over two miles wide at its widest. And today, nothing gets built in a year, so Manhattan would be home to multiple thousands of construction sites at a time. For comparison, the Empire State Building, completed in 1930 as the tallest building in the world, was famously built in 13.5 months.

So the question "When will all the construction in the City be finished?" has one simple answer: Never.

We all walk the streets, frequently redirected by caution signs from construction zones. We get sent under and around scaffolding, as though we were navigating trees in an urban forest of metal poles. Hardly any of us stops to look up or pauses to notice what's going on over the fence—what the countless construction workers are up to. Like ants building an ant-hill, the workers all look busy, most of the time. But unless you're a construction worker or an architect,

poteaux métalliques. Il est rare que l'un d'entre nous prenne le temps de regarder en haut, de s'arrêter pour voir ce qui se passe derrière la palissade – ce que font les multiples travailleurs présents sur le chantier. Comme des fourmis construisant une fourmilière, ils ont, la plupart du temps, tous l'air occupé, mais à moins d'être architecte ou ouvrier du bâtiment, la majorité d'entre nous est pratiquement incapable de comprendre ce qu'ils font exactement. Et pour commencer, comment la grue et le grutier sont-ils montés si haut ? Encore un mystère de l'univers.

En gros, nous ignorons tout jusqu'à ce que l'immeuble soit terminé. Et à ce moment-là, tout ce que nous voyons, c'est du verre et de l'acier à l'extérieur, des murs, des sols et des plafonds terminés à l'intérieur. Bien sûr, tous les systèmes de CVC (chauffage, ventilation, climatisation) et les équipements mécaniques sont soigneusement dissimulés à la vue.
C'est bien dommage !

Il y a longtemps que les citadins auraient dû jeter un coup d'œil à ce qui, invisible, est pourtant là devant leurs yeux : les matières premières, les outils, les machines indispensables qui façonnent nos maisons, nos appartements, de même que nos lieux de travail et de divertissement. Ce ne sont pas les télescopes qui permettront d'atteindre cet objectif. Ils servent à révéler des détails lointains que notre œil ne peut détecter. Les microscopes non plus. Ils permettent de voir en gros plan des détails que notre œil ne peut discerner. Pour découvrir les coulisses de la construction, il faut un artiste. Les bons artistes nous révèlent tout ce que nous n'avons jamais remarqué auparavant. Ils peuvent aussi nous obliger à regarder d'un autre œil ce que nous avons peut-être considéré comme acquis tout au long de notre vie.

Dans Manhattan Project, sorte de radiographie de ce dont sont faits les bâtiments, le photographe urbain Jan Staller isole, identifie et photographie les éléments fondamentaux du métier de constructeur, les élevant à une forme d'art géométrique, imprégné de vie, où l'on ne peut plus éviter de regarder les IPN et les fers à béton comme les os et le cartilage de la ville, les dalles de béton, les plaques de métal et de verre en constituant une sorte d'épiderme. Les crochets, poulies et pelleteuses deviennent les outils d'une force colossale, rendue visible par un artiste-photographe qui perçoit ce que nous ne voyons pas, en réimaginant le paysage – le paysage urbain – celui que tant d'entre nous appellent leur chez-soi.

Neil deGrasse Tyson est astrophysicien et directeur du planétarium Hayden de New York, où il exerce depuis 1995.

you're likely clueless about what they're doing. For starters, how did the crane and the person in the crane get up so high? Yet another mystery of the universe.

We typically ignore what's going on until the building is done. By then, all we see is steel and glass on the outside, finished walls, floors and ceilings on the inside. With, of course, all the HVAC and mechanicals neatly hidden from view.

That's too bad.

City-folk are long overdue for a peek at what's invisible, yet hiding in plain sight. These are the raw materials, tools, and machines that create our homes, our apartments and the places where we work and play. Telescopes won't get you there. Those are for revealing far away details that your eyes can't detect. Microscopes won't get you there either. Those are for seeing close-up details that your eyes cannot resolve. That peek behind the construction curtain requires an artist. Good artists can get you to notice all that you've never noticed before. Or they can force us to look again at whatever we may have taken for granted all our lives.

In the Manhattan Project, which is itself a kind of x-ray view of what buildings are made of, urban photographer Jan Staller isolates, identifies and photographs fundamental elements of the construction worker's craft. These elements ascend to a form of geometric art, imbued with life, where you can't help think of I-beams and rebar as the bones and cartilage of the City, where concrete slabs and sheets of metal and glass are a kind of epidermis. And where hooks, pulleys, and diggers are the tools of a mighty force, rendered visible by an artist-photographer who sees what we don't see, as he reimagines the landscape—the cityscape—that so many of us call home.

Neil deGrasse Tyson is an astrophysicist and Director of New York City's Hayden Planetarium, where he has served since 1995.

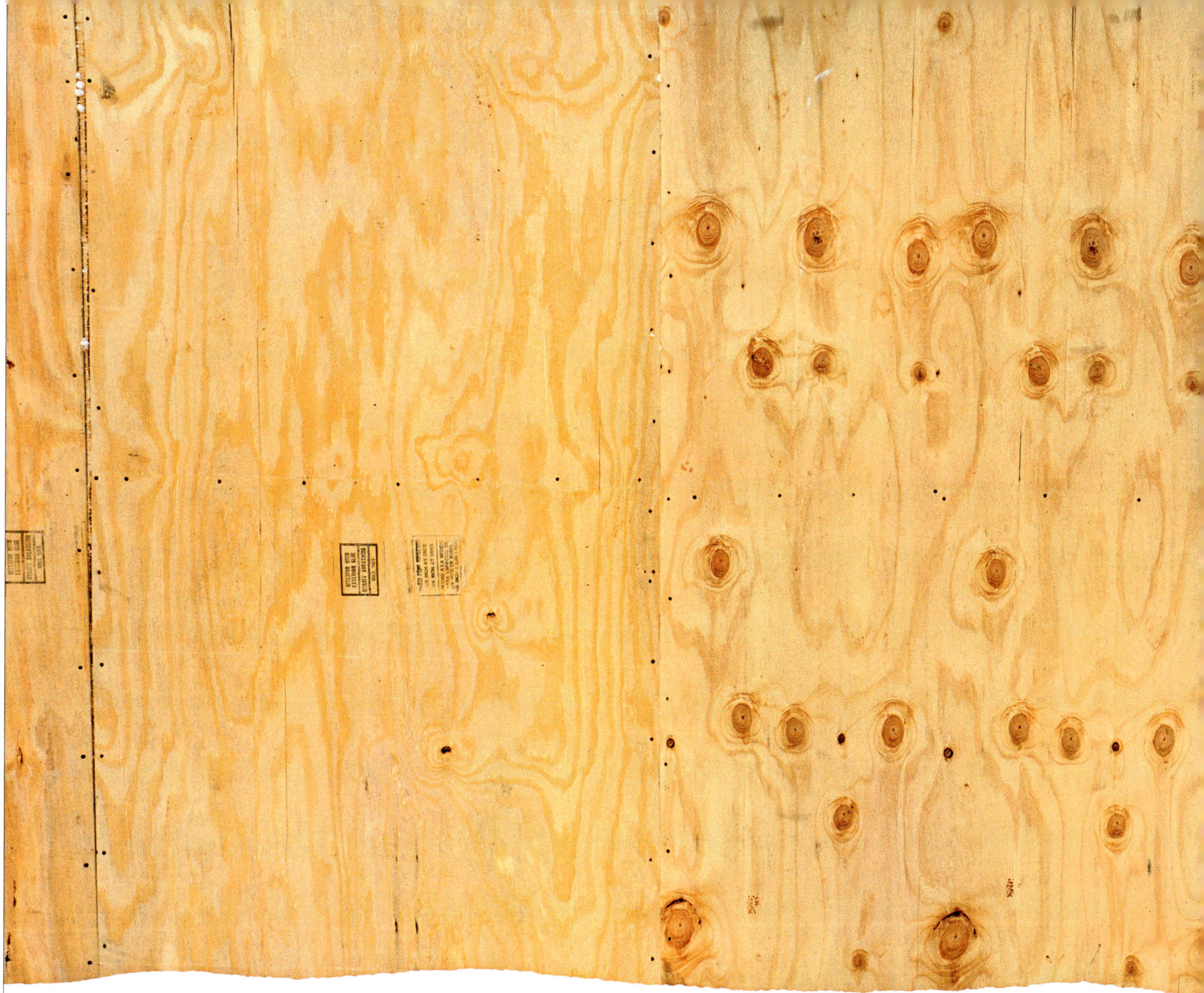

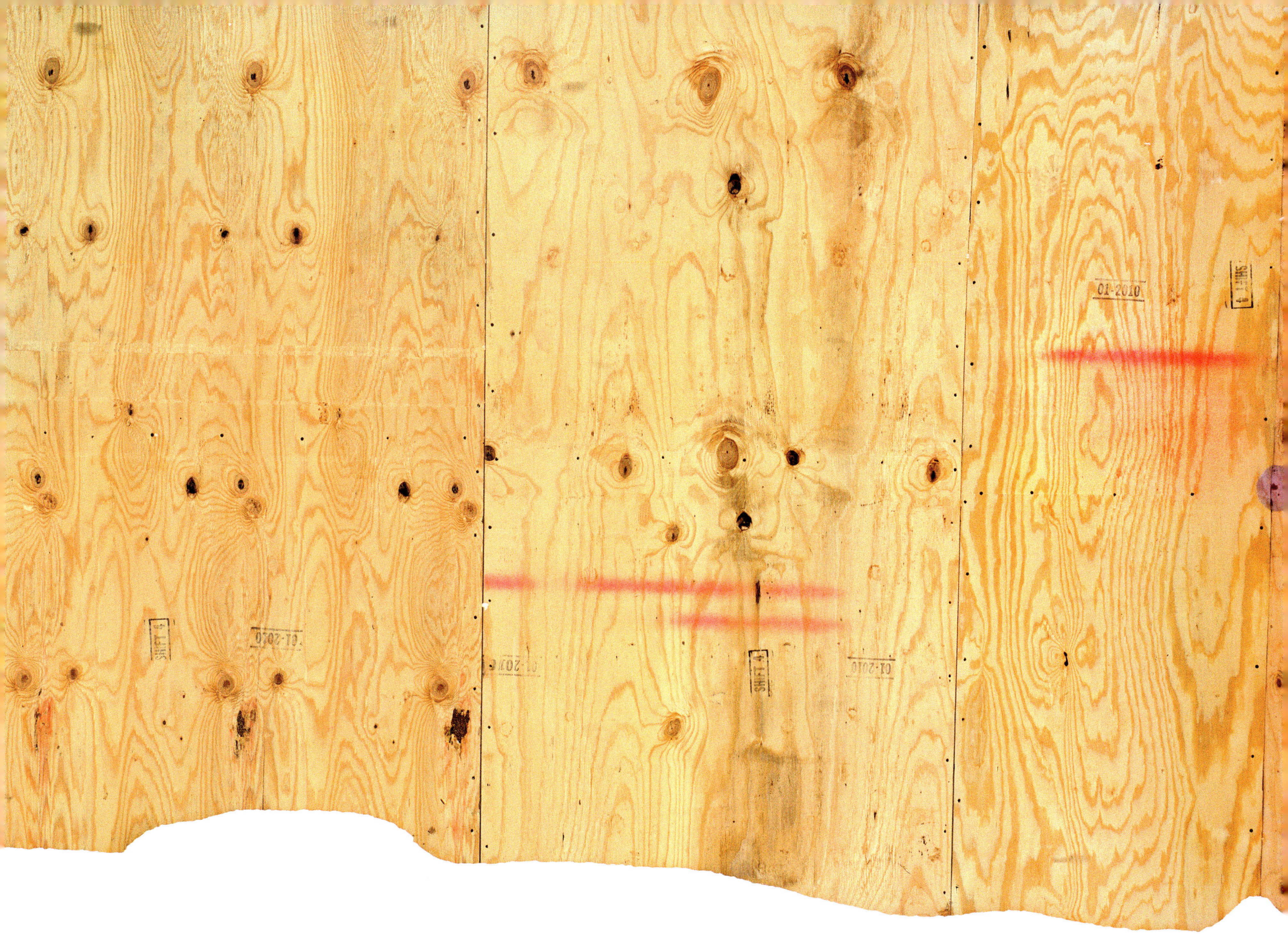
01-2010
SHIFT 4

Manhattan Project : la photographie de Jan Staller

Brett Littman

« La ville est une grande machine à accumuler des connaissances et à les libérer sous des formes imprévisibles[1]. »

Depuis près de cinquante ans, le photographe new-yorkais Jan Staller arpente et photographie le West Side de Manhattan. Pour ce promeneur photographe, la marche est bien plus qu'un simple mode de déplacement, c'est un processus créatif. Contrairement aux photographes qui planifient leurs prises de vue ou qui s'appuient sur des installations en studio, le photographe-marcheur s'immerge dans son environnement, laissant le rythme de ses pas guider son objectif. Marcher favorise un état de pleine conscience, lui permettant de remarquer des détails qui, autrement, pourraient être négligés.

Cette approche s'appuie sur la philosophie de la « psychogéographie », concept popularisé par des penseurs comme Guy Debord (*La Société du spectacle*) et Iain Sinclair (*London Orbital*). La psychogéographie insiste sur l'impact émotionnel et psychologique des environnements urbains, dont elle encourage l'exploration sans objectif prédéfini. Le photographe-marcheur adopte cet état d'esprit.

Son travail brouille souvent la ligne de partage entre photographie documentaire et photographie d'art. Bien que les images puissent représenter des scènes de la vie réelle, elles sont emprégnées de l'interprétation personnelle et de la résonance émotionnelle du photographe. À la fois participant et observateur lorsqu'il marche, il interagit avec le monde de manière intime. Toute photographie prise par le photographe-marcheur raconte une histoire. Ces histoires ne sont pas toujours impressionnantes ou dramatiques, mais souvent des récits discrets et subtils qui se dévoilent dans l'interaction entre le sujet, le cadre et la lumière.

Staller est né en 1952 à Mineola, dans l'État de New York, où il a grandi durant ce qu'il décrit comme « l'apothéose de l'ère industrielle », époque où l'ingéniosité américaine, les avancées scientifiques et les progrès de la production de masse imprégnaient la culture nationale, tant sur le plan intellectuel et émotionnel que visuel, avec une exubérance et un optimisme quasi mythologiques. Ses parents possédaient des meubles d'époque de designers comme Ray et Charles Eames ou George Nakashima, qui défendaient l'idée que le bon design devait être démocratique, abordable et utilisable. Aujourd'hui, dans la maison de ville qu'il a lui-même conçue, sorte de *Gesamtkunstwerk* située dans West Village, se trouve certains de ces objets de famille mais aussi sa collection de design industriel du xxe siècle : des objets représentant l'apogée de la technologie analogique, des appareils photo, des magnétophones industriels, du matériel audio par Dieter Rams, des jumelles militaires, des objets industriels et du design de haute facture. Des armoires de laboratoire métalliques vertes sont disposés partout dans la maison, et dans la chambre, des lampes qu'il a fabriquées lui-même, un téléphone massif en aluminium antidéflagrant, et un lit dont le pied en bronze coulé est un relief incorporant des engrenages et des rouages hors d'usage, évoquant les vestiges fossilisés d'une machine du xxe siècle, mise au jour par de futurs archéologues.

Réalisant un désir d'enfance, Staller a construit un atelier équipé de machines-outils pour le travail du métal, dont un tour et une fraiseuse. Partout dans la maison se trouvent des meubles métalliques et des luminaires fabriqués dans son atelier.

Il n'est guère surprenant, compte tenu de l'environnement et de l'époque dans lesquels il a grandi, que son esthétique photographique ait au début été façonnée par les images des éléments qui composent une ville : ponts, autoroutes surélevées, architecture, machines et chantiers. Lorsqu'il était étudiant en art, il s'intéressait aux photographies de Rodchenko, Paul Strand et Albert Renger-Patzsch, qui représentaient un équilibre parfait entre l'élégance formelle et la fétichisation des déchets industriels. Après avoir obtenu son diplôme au Bard College at Simon's Rock, à Great Barrington, Massachusetts, il retourne sur le campus pour aider un entrepreneur local à construire les Mods, un ensemble d'appartements destinés au logement des étudiants. Cette expérience éveille en lui un intérêt pour la beauté intrinsèque des infrastructures, des matériaux de construction et des structures partiellement achevées.

Manhattan Project: The Photography of Jan Staller

Brett Littman

"The city is a great machine for accumulating knowledge and discharging it in unpredictable forms."[1]

For almost fifty years, Jan Staller, a New York-based photographer, has been walking and shooting the West Side of Manhattan. For the peripatetic photographer, the act of walking is more than a mode of transportation; it is a creative process. Unlike photographers who plan their shots in advance or rely on studio setups, the walking photographer immerse themselves in the environment, allowing the rhythm of their steps to guide their lens. Walking fosters a sense of mindfulness, enabling them to notice details that might otherwise be overlooked.

This approach is tied to the philosophy of "psychogeography," a concept popularized by thinkers like Guy Debord (*Society of Spectacle*) and Iain Sinclair (*London Orbital*). Psychogeography emphasizes the emotional and psychological impact of urban environments, encouraging exploration without a predetermined goal. The walking photographer adopts this mindset.

Their work often blurs the line between documentary and fine art photography. While the images may reflect real-life scenes, they are imbued with the photographer's personal interpretation and emotional resonance. By walking, they position themselves as both participant and observer, engaging with the world on an intimate level. Every photograph taken by the walking photographer tells a story. These stories are not always grand or dramatic; often, they are quiet, subtle narratives that unfold in the interplay between subject, setting, and light.

Staller was born in 1952 and raised in Long Island, New York during what he describes as the "apotheosis of the industrial age" —a time when American ingenuity, the progress of science, and improvements in mass production permeated our national culture, both intellectually, emotionally, and graphically, with an almost mythological exuberance and positivity. His parents owned period furniture by designers like Ray and Charles Eames and George Nakashima, who espoused the idea that good design should be democratic, affordable, and useable. Even today in his self-designed townhouse, a kind of *gesamtkunstwerk* in the West Village, one encounters some of these family heirlooms and his collection of 20th century industrial design: objects representing the apogee of analog technology, cameras, industrial tape recorders, Dieter Rams designed audio equipment, military binoculars, industrial artifacts and high design. Green metal laboratory cabinetry is used throughout the home. In the bedroom are lamps he made, a chunky aluminum "explosion proof" phone, a bed with a footboard of cast bronze—a relief incorporating broken gears and cogs, suggesting the fossilized parts of some 20th century machine excavated by future archeologists. Fulfilling a childhood desire, Staller built a workshop equipped with metal working machinery, including a lathe and milling machine. Throughout the house, metal furniture and the lighting made in his shop can be found.

It comes as no surprise, given the environment and times he grew up in, that his early personal aesthetics as a photographer would be shaped by images of the things that make up a city: bridges, elevated highways, architecture, machinery and construction sites. Photos by Rodchenko, Paul Strand and Albert Renger-Patzch interested him when he was in art school. They represented a perfect balance of formal elegance and the fetishization of industry. After he graduated from Bard College at Simon's Rock in Great Barrington, MA, he went back to the campus to help a local contractor build the Mods, a group of apartments for student housing. This experience led to Staller's interest in the inherent beauty of building infrastructure, building materials, and partially completed structures.

The only problem was that by the time Staller arrived full-time in New York in 1976 as an artist, the promise of postwar architectural, graphic, and industrial design euphoria had already collapsed. The city was on the verge of bankruptcy, its urban planning master projects were disused and derelict, and whole swaths of the city, particularly the West Side of Manhattan, had turned into a zone for hustling, drug dealing, and squatting. Staller says: "Living in a dark Tribeca loft, I began my lifelong habit of walking to the Hudson River during the last hours of

Le seul problème, lorsque Staller s'installe en tant qu'artiste à plein temps à New York en 1976, c'est que les promesses de l'euphorie du design architectural, graphique et industriel d'après-guerre s'étaient effondrées. La ville était au bord de la faillite, ses grands projets d'urbanisme étaient à l'abandon, et de vastes zones, en particulier le West Side de Manhattan, étaient devenus des zones de prostitution, de trafic de drogue et de squats.

Staller raconte : « Je vivais alors dans un loft sinistre à Tribeca, et j'avais pris l'habitude, que j'ai encore aujourd'hui, de marcher jusqu'à l'Hudson River pendant les dernières heures du jour. À l'époque, une grande partie du fleuve était masquée par des hangars portuaires délabrés et d'impressionnants vestiges architecturaux d'une époque révolue. Certains débarcadères avaient brûlé jusqu'à leur terrasse, ce qui ouvrait, depuis la rue, une vue dégagée sur l'Hudson. Dominant le paysage se dressait l'une des plus imposantes structures de l'ère industrielle : la West Side Highway, une autoroute surélevée à quatre voies de 8 kilomètres de long, qui avait été fermée à la circulation en 1973 et laissée à l'état de ruine urbaine[2]. »

En outre, un gigantesque changement conceptuel est en train de s'opérer dans la photographie d'art à cette époque. L'ascension de la Pictures Generation, représentée par des photographes comme Sherrie Levine, Cindy Sherman, Richard Prince et Laurie Simmons, transforme la scène artistique. Ces artistes, plus intéressés par la « photographie-tableau » et la reproduction d'images trouvées dans la publicité ou dans le travail d'autres artistes, commencent à dominer la scène. Les photographes de rue en noir et blanc, qui avaient imposé leur style dans la photographie d'art des années 1940 aux années 1960, avaient épuisé le potentiel du paysage urbain. Leurs images sont alors considérées comme aseptisées, cliniques et quelque peu éculées. Par ailleurs, les premiers adeptes de la photographie couleur s'engagent dans des projets de voyage afin de rapporter des images « exotiques » des États-Unis au public citadin. Citons par exemple *American Surfaces* de Stephen Shore, un catalogue de clichés pris lors de son voyage à travers le pays en 1972, ou encore *Los Alamos* (1974) et *Election Eve* (1976) de William Eggleston. Staller, ne se retrouve dans aucun de ces camps et doit tracer sa propre voie. Il est convaincu qu'il peut découvrir quelque chose de nouveau dans ce New York pourtant saturé d'images, en arpentant et en observant des zones moins fréquentées de la ville, tout en exploitant la technique photographique et les conditions d'éclairage pour créer sa propre esthétique. Les résultats de ce travail entre le milieu des années 1970 et le début des années 1980 ont été rassemblés dans le livre intitulé *Frontier New York*, publié en 1988. Plus influencées par la peinture que par la photographie contemporaine, ces images, prises principalement au crépuscule ou en début de soirée, et dépourvues de présence humaine, dépeignent le paysage familier de New York comme une série de panoramas posthumains, baignés dans des teintes multicolores de ciels étranges, ou recouverts de neige.

Plusieurs photos de *Frontier New York* se distinguent comme particulièrement représentatives de l'influence de la peinture sur la création d'images de Staller à cette époque, pour développer un style personnel et une nouvelle manière de percevoir le paysage banal de la ville. *72nd Street Arch Under West Side Highway* (1982, FIG. 1), prise de nuit, présente une vue de blocs de glace dérivant sur l'Hudson, encadré par l'arche d'un passage sous la West Side Highway. Une seule source lumineuse à droite, partiellement occultée par une structure d'acier, éclaire la scène et l'ensemble de l'image – le métal, l'eau et l'horizon – est enveloppé d'une brume teintée de bleu. Cette image me rappelle un tableau de jeunesse d'Edward Hopper intitulé *Ferry Slip* (1904-1906, FIG. 2), entièrement décliné en tons de gris avec des accents de blanc, où l'on voit un ferry entrant dans une cale du centre-ville pour s'amarrer. Hopper y saisit les remous de l'East River, la vitesse du bateau, la météo et le vent par l'élaboration d'une palette tonale. De même, la lumière naturelle utilisée dans la photographie de Staller et dans la peinture bichrome de Hopper donne au spectateur une sensation de mouvement, d'instantanéité et même une évocation de l'odeur de l'eau salée. Ces deux œuvres saisissent la quintessence de ces moments new-yorkais, à la fois intimes et subjectifs, que nombre d'entre nous ont déjà vécus.

Parking Berths (1979, FIG. 3) est une image légèrement décalée des guérites d'employés à l'entrée des quais où accostaient les bateaux de passagers entre la 50e et la 60e rue sur la West Side Highway. Ces structures désolées apparaissent sous un ciel teinté de rose et violet. Plusieurs d'entre elles ont leurs barrières levées. Tout dans cette photo est extrêmement bien défini, comme d'un autre monde, probablement en raison d'une longue durée d'exposition. Sans aucune présence humaine, et en l'absence totale de voitures, cette scène revêt une atmosphère troublante, à la fois de danger et de vide. Ici, les références picturales de Staller semblent davantage évoquer Ed Ruscha que Hopper, en particulier ses peintures de stations-service (FIG. 4) ou

the day. At that time, much of the river was obscured by decaying pier sheds and striking architectural relics of a bygone era. Some piers had burned down to their decks—affording street level views of the Hudson. Dominating the scene was one of the Industrial Age's grandest artifacts: the West Side Highway, a five mile long, four-lane elevated road, closed to traffic since 1973 and left as an urban ruin."[2]

In addition, a gigantic conceptual shift was happening in art photography at this time. The ascendency of the Pictures Generation, represented by photographers like Sherrie Levine, Cindy Sherman, Richard Prince, and Laurie Simmons, who were interested in tableau photography and the replication of existing found images from advertising or from other artists, began dominating the scene. The black and white street photographers who had dominated art photography from 1940s—1960s had exhausted the potential of the cityscape and their images started to feel antiseptic, clinical, and a bit stale. Also, the early adapters of color photography were engaging in travelogue projects to bring back "exotic" images of the United States to urban audiences. Examples of this are Stephen Shore's *American Surfaces*, a catalog of his snapshots from his 1972 cross-country trip and William Eggleston's *Los Alamos* (1974) and *Election Eve* (1976). Staller, not finding himself in any of these camps, had to chart his own way. He was committed to the idea that he could uncover something new in the hyper image-saturated New York by walking and observing less traveled areas of the city and using the *métier* of photography and lighting conditions to create his own aesthetic. The results of his work from the mid 70s to the early 80s were collected in the book *Frontier New York*, published in 1988. More influenced by painting than contemporary photography, these images, mostly taken at dusk or early evening and devoid of humans, portrayed the familiar landscape of New York as a series of post-human vistas bathed in multicolored hues of uncanny skies or covered in snow.

Several photos from *Frontier New York* are outstanding examples of how the painterly influence on Staller's image making at that time helped him create an individual style and way of seeing the hackneyed landscape of the city anew. *72nd Street Arch Under West Side Highway* (1982, FIG. 1), taken at night, gives us a view of an ice floe on the Hudson River seen through a West Side Highway overpass arch. There is a single light source on the right, obscured by a steel truss and the whole image—the steel, the water, and the horizon—are shrouded in a foggy blue tint. It is very reminiscent to me of an early Hopper painting called

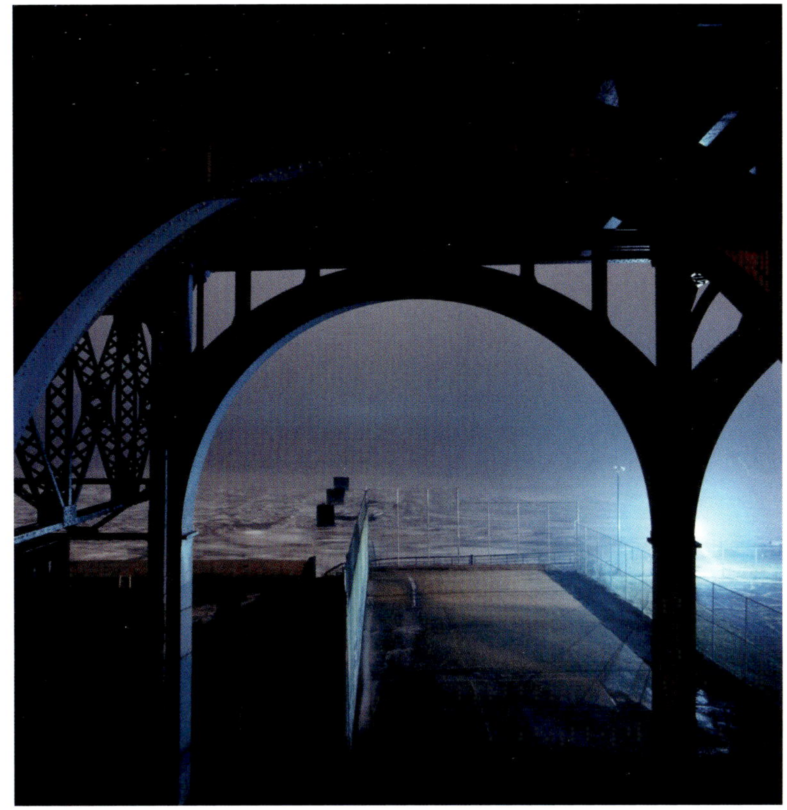

FIG. 1 Jan Staller, *72nd Street Arch Under West Side Highway* (1982)

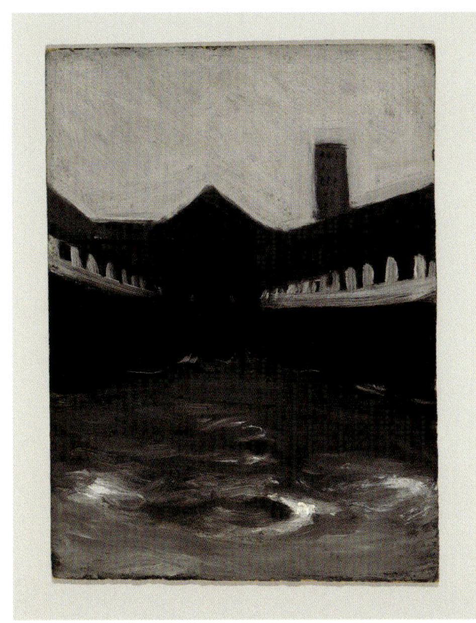

FIG. 2 Edward Hopper, *Ferry Slip* (1904-1906), Whitney Museum of American Art, New York

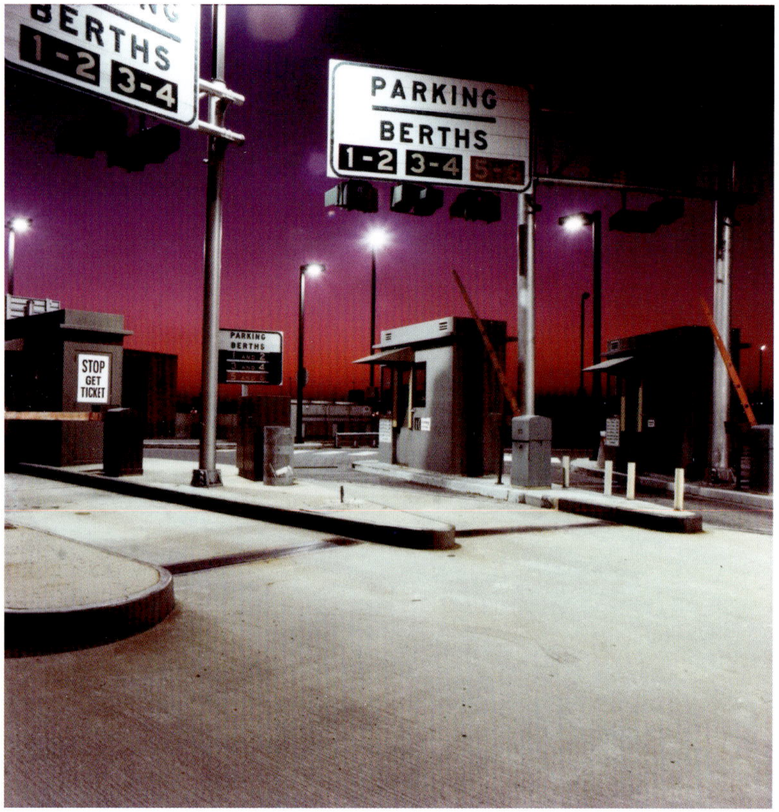

FIG. 3 Jan Staller, *Parking Berths* (1979)

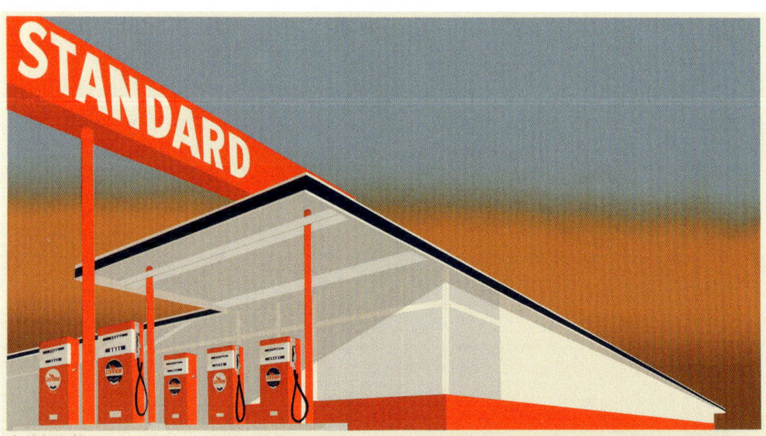

FIG. 4 Ed Ruscha, *Standard Station* (1966), The Museum of Modern Art, New York

LACMA on Fire. Ruscha, par sa documentation obsessionnelle de Los Angeles à travers la photographie et la peinture, pourrait être vu comme un compagnon artistique de Staller sur la côte ouest, consignant l'esthétique des structures municipales et urbaines souvent laissées de côté.

Après avoir acheté une Land Rover en 1985, Staller peut s'aventurer hors des routes vers des friches industrielles, des usines abandonnées et des chantiers de construction du New Jersey. Pour lui, ces sites représentaient en quelque sorte une découverte de *earth art* : d'immenses structures produites en acier et en béton, qui se profilaient, rouillées, écaillées, et délabrées par l'abandon et la dégradation.

Il se sert d'appareils photo moyen et grand format ainsi que de projecteurs à halogénures métalliques alimentés par un générateur monté sur son véhicule, pour se lancer dans la capture de ces *earthworks* ready-made. Des photographies comme *New Brunswick Bridge* (1991, FIG. 5), *Trestle Piers-NJ* (1992), *Rock of Cages* (vers 1992) et *Cones in NJ* (1991, FIG. 9) explorent toutes l'idée de la manière dont le matériau, la forme et l'éclairage influencent notre perception des objets dans un paysage.

Des artistes comme Richard Serra, Michael Heizer (FIG. 6), Walter De Maria, Robert Smithson, Richard Long et Carl Andre (FIG. 10) qui ont tous employé des techniques, des matériaux et des équipements industriels pour créer des œuvres monumentales faites d'acier, de cuivre, de terre ou de pierre, en extérieur, hors des limites d'une galerie, viennent immédiatement à l'esprit. La préoccupation de Staller de capturer, dans une image photographique, l'énergie physique et le mystère que ces travaux dégagent l'a conduit à explorer les possibilités sculpturales des débris industriels, dans le cadrage d'un objectif d'appareil photo.

La série suivante, intitulée *Fence Drawings* (2006-2007, FIG. 7), résulte de son intérêt constant pour le West Side. La construction du nouveau West Side Park venait de commencer, et des clôtures étaient installées tout autour du site. En observant ces grillages, Staller en perçoit le potentiel comme sujet photographique. Les fils métalliques, avec leurs motifs irréguliers, leurs coupures et leurs torsions, ressemblaient à des dessins suspendus dans les airs, qui lui permettaient d'exploiter les possibilités de composition presque infinies de ce matériau incroyablement banal et quotidien. Pour cette série, Staller choisit d'éliminer toute localisation, et photographie simplement les mailles des grillages sur fond de ciels couverts.

Ferry Slip (1904-1906, FIG. 2). In this painting, all in tones of gray with white accents, we experience a ferry coming into a downtown slip to moor. Hopper captured the churn of the East River, the speed of the boat, the weather, and the wind with the build-up of his tonal palate. The use of natural light conditions in Staller's image and in Hopper's duotone painting give the viewer a sense of movement, immediacy, and a hint of the smell of salt water. They are also quintessential, intimate, subjective moments in New York that many have experienced before.

Parking Berths (1979, FIG. 3) is a slightly off-kilter image of parking lot attendant booths for passenger ships that used to dock between 50th and 60th Streets on the West Side Highway. These desolate structures appear under a pinkish-purplish sky. Several have raised toll gates. Everything in the photo is extremely well-defined and almost otherworldly, probably due to the long exposure time, and since there are no cars or people around, one feels an eerie sense of both danger and emptiness in this abandoned tableau. Here Staller's painterly references might be more Ed Ruscha, particularly his paintings of gas stations (FIG. 4) or LACMA on Fire, rather than Hopper. Ruscha, interestingly, through his obsessive documentation of Los Angeles through photography and painting, would seem to be a like-minded artistic companion to Staller, albeit on another coast, aesthetically documenting the civic and urban designed structures we often overlook.

After purchasing a Land Rover in 1985, Staller was able to drive off-road into brownfields, abandoned factories, and new construction sites in New Jersey. For him, these sites represented a form of found "earth art": giant, looming, man-made forms in steel and concrete, rusting, chipped, and decaying from disuse and disrepair. Using medium- and large-format cameras and metal halide stadium lights powered by an engine-driven generator mounted on the Rover, Staller set out to capture these readymade earthworks. Photos like *New Brunswick Bridge* (1991, FIG. 5), *Trestle Piers-NJ* (1992), *Rock of Cages* (c. 1992) and *Cones in NJ* (1991, FIG. 9) all explore the idea of how material, form, and lighting influence our way of seeing objects in a landscape. Artists like Richard Serra, Michael Heizer (FIG. 6), Walter De Maria, Robert Smithson, Richard Long, and Carl Andre (FIG. 10), who all employed industrial techniques, materials and equipment to create their monumental works made of steel, copper, dirt, and stone, in *plein air*, outside the confines of a gallery, immediately come to mind. Staller's preoccupation with capturing the powerful physical energy and mystery that these artworks evoke

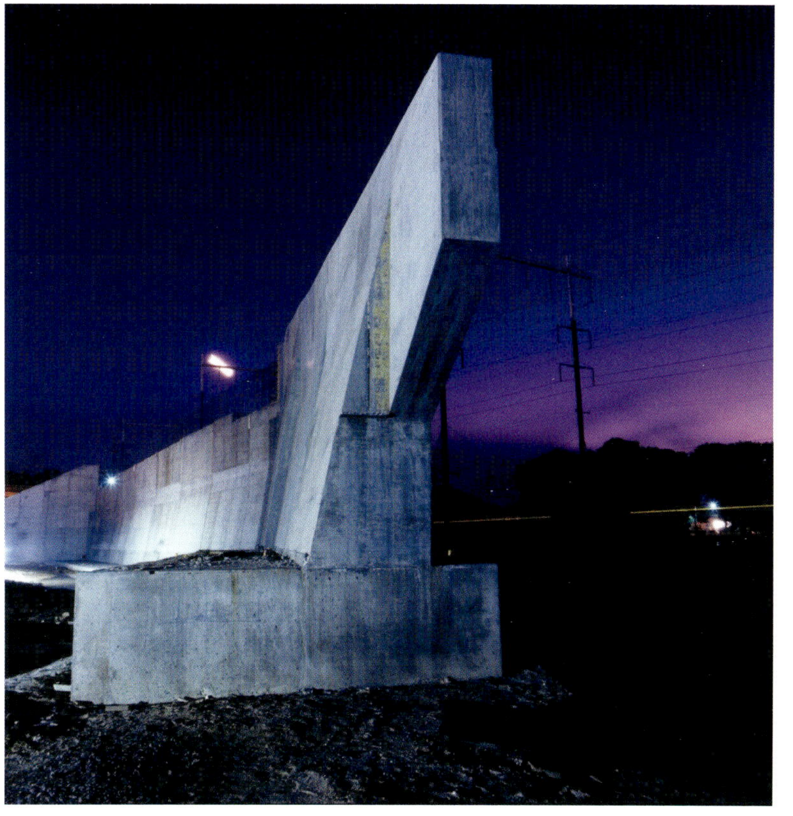

FIG. 5 Jan Staller, *New Brunswick Bridge* (1991)

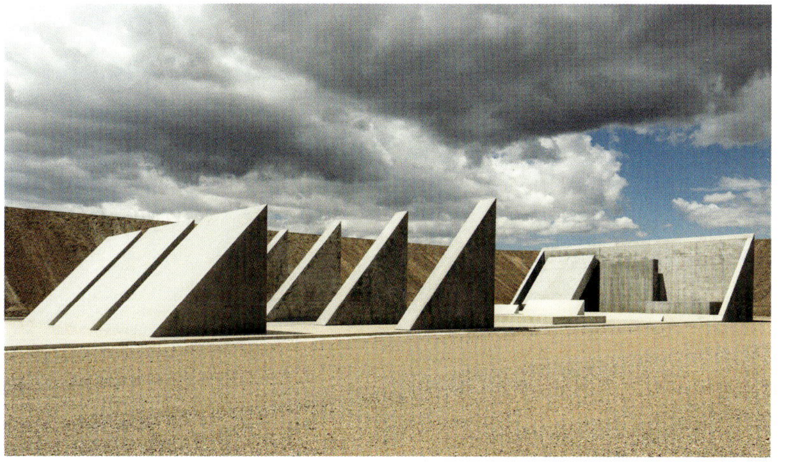

FIG. 6 Michael Heizer, *45°, 90°, 180°, City* (1970-2022), Triple Aught Foundation

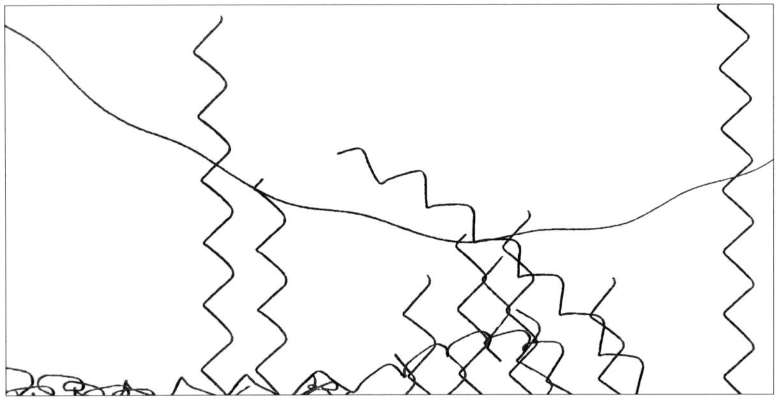

FIG. 7 Jan Staller, *Fence Drawings* (2006-2008)

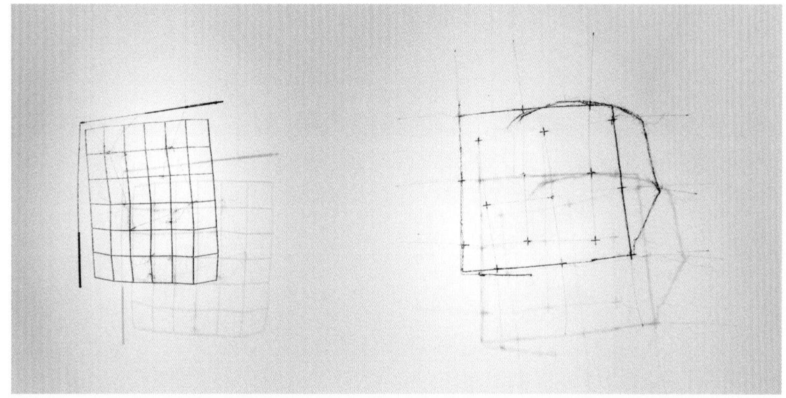

FIG. 8 Installation view, *Gego: Between Transparency and the Invisible*, The Drawing Center, New York, April 21-July 21, 2007

En 2013-2014, un nouvel immeuble se construit en face de sa maison sur Charles Street. Staller, qui avait régulièrement effectué des excursions d'une journée pour photographier le New Jersey depuis plus d'une décennie, ne manque pas de remarquer la grue à tour installée sur le chantier en face de chez lui. Son travail, devenu de plus en plus réducteur, se concentre désormais sur des objets isolés sur fond de ciel couvert. Croisant le chef de chantier à l'épicerie du coin, Staller lui demande s'il peut « faire poser » le crochet de la grue dans une position fixe suffisamment longtemps pour réaliser une photo grand format. Le crochet resta en place juste le temps qu'il fallait pour qu'il puisse faire la mise au point avec son appareil Linhof et en capturer l'image.

En 2013, la qualité d'image des appareils photo numériques avait tellement progressé que Staller envisage d'utiliser un Nikon DSLR avec téléobjectif pour pouvoir photographier les matériaux de construction hissés de l'autre côté de la rue. Il se servait auparavant d'appareils montés sur trépied, pour capturer des sujets statiques, ancrés au sol, dont la prise de vue était méthodiquement préparée. Pour saisir des objets soulevés par les grues, constamment en mouvement, il fallait un appareil tenu en main et des téléobjectifs à mise au point automatique. Les appareils argentiques conventionnels n'auraient pu capter de tels sujets avec la précision d'image exigée par Staller. Ses premières expérimentations avec un appareil DSLR furent une révélation : il obtenait la même qualité d'image qu'avec un grand format, tout en ayant la possibilité de capturer des objets en mouvement. Dès lors, Staller se recentra sur la photographie du West Side de Manhattan.

Les images de cette série constituent la base du présent ouvrage – *Manhattan Project* – dont le titre fait à la fois référence à la géographie spécifique de l'endroit où ces images ont été prises, et au projet de bombe atomique homonyme, représentant à la fois l'innovation et la technologie mais aussi la destruction massive associée à sa création et à son utilisation.

Ce qui m'intéresse dans ces œuvres, c'est leur capacité à mettre en avant la tactilité, les formes abstraites, la légèreté paradoxale d'objets massifs, le palimpseste de rayures et de marques sur les objets et la façon dont elles esthétisent les juxtapositions de matériaux non monumentaux comme le treillis plastique, les plaques d'acier oxydé et les fagots de fers à béton. Elles sont également un semblant et un répertoire de la sculpture contemporaine. Je veux dire par là que le choix des objets et le cadrage de Staller semblent faire directement écho à l'évolution de la sculpture contemporaine, du minimalisme au Land Art, en passant par l'assemblage et le ready-made.

La première image de ce livre en dévoile le parti pris : le simple cliché d'un crochet de grue rayé du jaune et noir des bandes de sécurité qui, sans jeu de mots, fait ici le gros du travail. Les images suivantes présentent des bennes à ordures taguées, drapées d'un treillis orange, et des caisses métalliques suspendues dans les airs. Ces objets fonctionnels témoignent de leur histoire, de leur âge et de leur réutilisabilité. Par leurs positions et orientations, ils sembleraient tout aussi à leur place dans une exposition de sculptures d'Isa Genzken que sur un chantier de construction. Les fagots de fers à béton et les « cages » de

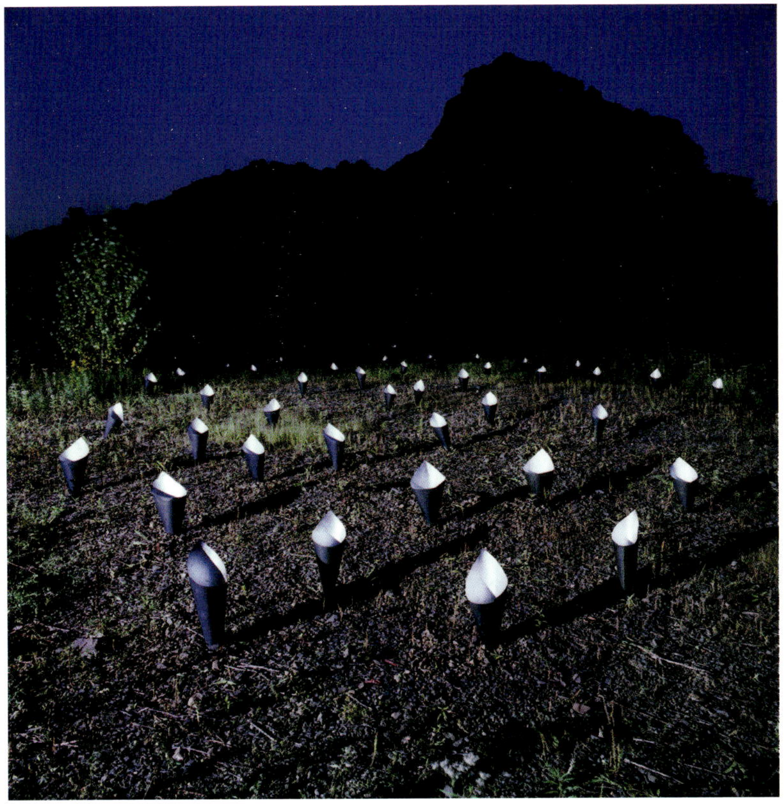

FIG. 9 Jan Staller, *Cones in NJ* (1989)

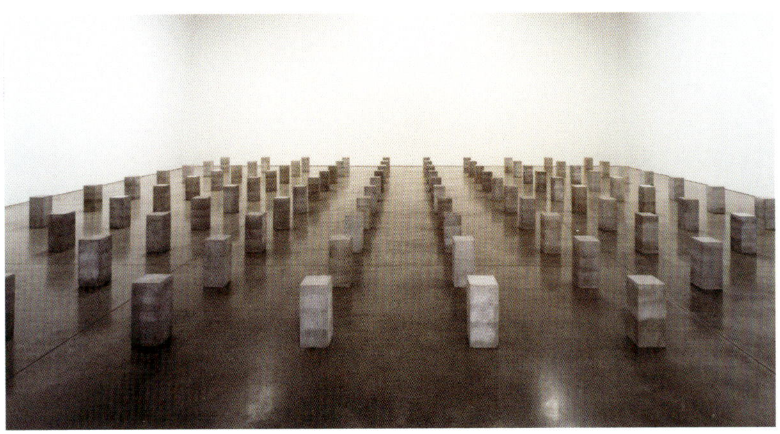

FIG. 10 Carl Andre, *Lament for the Children* (1976/1966), concrete blocks (100 units), courtesy Paula Cooper Gallery, New York

in a photographic image led him to explore the sculptural possibilities of found industrial artifacts in a camera frame.

His next series of works, entitled *Fence Drawings* (2006-2007, FIG. 7), were the result of his continued focus on the West Side. Construction had recently begun on the new West Side Park and fencing was going up all around. As Staller studied the fencing, he recognized its potential as a subject. The wires, with their irregular patterns, cuts, and bends, resembled drawings suspended in air, allowing him to exploit the surprisingly infinite compositional possibilities that this incredibly mundane and quotidian material can offer. For this series, Staller chose to eliminate locational context in his images and simply photographed the chain links against overcast skies.

In 2013-14, a new building was being constructed across the street from his house on Charles Street. Staller, who had been taking day trips regularly to photograph in New Jersey for more than a decade, couldn't help but notice the tower crane that had been installed at the site across the street from his home. In his work, which had become more and more reductive, he had begun to fixate on single objects isolated against the background of an overcast sky. Running into the construction site's foreman at the corner deli, Staller asked if he could 'pose' the crane hook in one position long enough for a large format photograph. The hook remained in place just long enough to focus his Linhof camera and take a photograph.

By 2013, the image quality of digital cameras had improved to such an extent that Staller considered using a Nikon DSLR with a telephoto lens to photograph the building materials being hoisted across the street. Whereas before, stationary subjects rooted to the ground could easily be photographed slowly but methodically with tripod-mounted cameras that he was accustomed to using, objects lifted by a crane were in constant motion, requiring a hand-held camera and auto-focus telephoto lenses. Conventional film cameras could capture such subjects, but the image quality would not have had the clarity Staller demanded. His first experiments with a DSLR camera were revelatory: offering the same image quality as large-format and the possibility to shoot objects in motion. From then on, Staller concentrated once again on photographing the West Side of Manhattan.

The images from this series are the basis for this volume—*Manhattan Project*—which both refers to the specific geography of where these images were taken and also acknowledges the atomic

barres d'armature préassemblées rappellent l'intérêt de Staller pour les constructions en fil métallique de l'artiste germano-vénézuélienne Gego (Gertrude Goldschmidt), qu'il avait découvertes au Drawing Center en 2007 (FIG. 8). De même, les tas de tuyaux de plomberie empilés évoquent les sculptures de Sol LeWitt, par l'attention à la beauté des motifs géométriques et asymétriques.

Parmi mes images préférées figure la série de plaques noires flottant dans l'air, suspendues par des câbles attachés à un crochet de grue (voir pages 47-49). Elles me rappellent la manière dont des sculpteurs comme Isamu Noguchi et Thaddeus Mosley ont utilisé la gravité pour bouleverser nos attentes en matière d'équilibre, de volume et de poids dans leurs œuvres. Ces images évoquent également les peintures en noir et blanc d'Ellsworth Kelly, à la différence que les formes, libérées de la toile, existent ici en trois dimensions, flottant dans l'espace.

Au-delà des références à la sculpture, ces photographies observent également le paysage en perpétuelle mutation d'une ville obnubilée par la construction. En dehors de Hong Kong et Tokyo, New York connaît probablement la plus forte densité de constructions au kilomètre carré du monde. Chaque jour, en nous rendant au travail, nous slalomons et zigzaguons entre les chantiers de construction, les trous béants, les travaux de voirie et les rénovations. Staller, qui se concentre depuis des années sur ces types de « non-lieux », est remarquablement habile à diriger notre attention, à susciter notre intérêt pour ce qu'habituellement nous passons sans remarquer. Ces œuvres soulèvent bien sûr indirectement des questions écologiques et de durabilité : quelle est la destination de tous les déchets et débris associés à ces activités, quel est leur impact sur l'environnement et notre santé. L'œuvre de Staller, dont l'esthétique s'est fondée dans l'éthos du modernisme et la promesse de la technologie, élude ces questions, ce qui ne veut pas dire pour autant qu'il ne s'en préoccupe pas.

La conversion de Staller à la photographie numérique lui a également permis d'exploiter pleinement la fonction vidéo de ses appareils. Pendant la pandémie, il poursuit ses promenades sur les rives de l'Hudson River qu'il est surpris de voir soudain fourmiller de New-Yorkais en quête de réconfort pendant le confinement. Afin de respecter la distanciation sociale, il reste près de la rambarde séparant la promenade du fleuve. Un jour, alors qu'il observe l'eau, il est captivé par le mouvement ondulant d'une ombre à la surface. De retour avec son appareil photo et un téléobjectif, il opère un cadrage serré des ombres projetées par les pilotis de bois et laisse simplement tourner la caméra. Distordues par le clapotis de l'eau, les ombres deviennent abstraites et gestuelles, semblables à une peinture à l'encre. J'ai visionné une dizaine de ces films et j'ai été frappé par la façon dont les réflexions et réfractions de la lumière, les reflets des bâtiments et des nuages sur cette surface fluide et instable génèrent une infinité de motifs, de formes et de séquences de mouvement. Il n'est pas évident de se rendre compte que ces films ne sont que des jeux de lumière sur l'eau en mouvement. Ils ressemblent à des images générées par ordinateur ou des représentations graphiques d'équations mathématiques – jusqu'à ce que l'eau se calme et que l'on réalise alors ce que l'on est en train d'observer. Curieusement, ces films ramènent Staller presque à son point de départ, à ses idées de photographie/peinture du début de sa carrière. D'une certaine manière, ils constituent un épilogue à son *Manhattan Project*, qui a guidé toute sa vie artistique.

Comme Edward Weston qui, au fil des décennies, a arpenté les mêmes zones de Point Lobos, en Californie, dont il connaissait chaque recoin, à la recherche incessante de nouveaux sujets à photographier, Staller est retourné sur le West Side de Manhattan, et cet espace géographique délimité continue à lui fournir une inspiration sans fin.

Ses photographies, prises pendant cinq décennies, livrent une vision singulière de ce que marcher dans la ville veut dire. Elles nous permettent d'entrevoir ces moments éphémères de solitude et de beauté intrinsèque, souvent imperceptibles à nos yeux, qui jalonnent notre quotidien dans cette métropole surpeuplée, débordante d'activité, que nous appelons *notre ville*.

NOTES

1. Sinclair, Iain, *Lights Out for the Territory: 9 Excursions in the Secret History of London*, 1e éd., Granta Books, 1997.
2. Notes de Jan Staller à Brett Littman au sujet de *Manhattan Project*, janvier 2025.

bomb—innovation, technology and ultimately the massive destruction associated with its creation and implementation.

What interests me about these works are their ability to foreground tactility, abstract shapes, the weightlessness of heavy objects, the palimpsest of scratches and marks on the objects and the way they aestheticize the juxtapositions of unmonumental materials like plastic mesh, oxidized steel plates, and bundles of rebar. They are also a simulacrum and index of contemporary sculpture. By that, I mean that Staller's choice of objects and cropping seem to directly reference the shift of contemporary sculptors from Minimalism, to Land Art, to assemblages to the readymade.

The first image in this book reveals the process—the single image of the yellow and black safety striped crane hook that, no pun intended, does all of the heavy lifting here. In the series of images that follow we see graffitied dumpsters draped in orange mesh and metal crates being hoisted in the air. These functional objects show their history, age and reusability, and given their positions and orientations, they could look just as at home in an Isa Genzken sculpture exhibition as they do at a construction site. Bundles of rebar and preassembled rebar "cages" reference Staller's interest in the wire constructions of the German-Venezuelan artist Gego (aka Gertrude Goldschmidt) that he had encountered at The Drawing Center in 2007 (FIG. 8). Groupings of stacked plumbing pipes resemble Sol LeWitt sculptures, bringing attention to the beauty of geometrical, asymmetrical patterns.

Amongst my favorite images are the series of black plates floating in the air suspended by cables attached to a crane hook (see pages 47-49). They remind me of how sculptors like Isamu Noguchi and Thaddeus Mosley used gravity to upend expectations of balance, volume, and weight in their work. These images also look like Ellsworth Kelly's black and white paintings, except the shapes have been freed from the canvas and exist in three dimensions, floating in the air.

Beyond sculptural references, these photographs also examine the ever-changing landscape of a city obsessed with building. Besides maybe Hong Kong and Tokyo, New York probably has the highest density per square mile of construction in the world. Every day on our commute to work, we weave and zig-zag around construction sites, holes in the ground, street work, and renovations. Staller, who has been focusing on these kinds of non-sites for years, is very adept at directing our attention and piquing our interest in what we normally just zoom by. There are of course some ecological and sustainability issues indirectly raised by this body of work, as we need to contemplate all the waste and debris associated with these activities and where it all goes and what impact it has on the environment and our health. With an aesthetic grounded in the ethos of modernism and the promise of technology, Staller's work elides these issues, though this is not to say he is unconcerned with them.

Staller's conversion to digital photography has also afforded him the ability to make good use of the video function of these tools. During the Pandemic, he continued his walks along the Hudson River and was surprised to find it suddenly teeming with fellow New Yorkers, all seeking solace in the lockdown. To keep social distance from the crowds, he stayed close to the railing that separates the walkway from the Hudson. While staring at the river, he was captivated by the wavering movement of a shadow on the water. Returning with his camera and telephoto lens, Staller tightly framed only the shadows cast by wooden pilings and simply let the camera run. Distorted by the lapping water, the shadows became abstract and gestural, resembling an ink painting. I have personally watched about 10 of them and was amazed at how the reflections and refractions of light, buildings and clouds on a fluid, unstable surface can express so many patterns, forms, and sequences of movement. It is hard to grasp that these films are just plays of light on flowing water—they look like computer-generated images or graphic representations of mathematical equations—until the water stops and you get a clear understanding of what it is that you are actually looking at. Interestingly, these films bring Staller almost full circle to the photo/painting ideas he had early in his career, and in some ways act as coda to his life-long Manhattan Project.

Like Edward Weston, who, over the decades, walked the same areas of Point Lobos, CA—a place he knew every inch of—relentlessly searching for something new to photograph, Staller has similarly returned to the West Side of Manhattan, a delimited geographical space that continues to provide him with endless inspiration. His photos over five decades give us a singular vision of what it means to walk the city and afford us a glimpse into the ephemeral moments of solitude and inherent beauty, that we often don't even discern, which are threaded into our everyday lives, in this busy, crowded, unrelenting city we call home.

NOTES

1. Sinclair, Iain. *Lights Out for the Territory: 9 Excursions in the Secret History of London*. 1st ed., Granta Books, 1997.
2. Notes from Jan Staller to Brett Littman about *Manhattan Project*, January 2025.

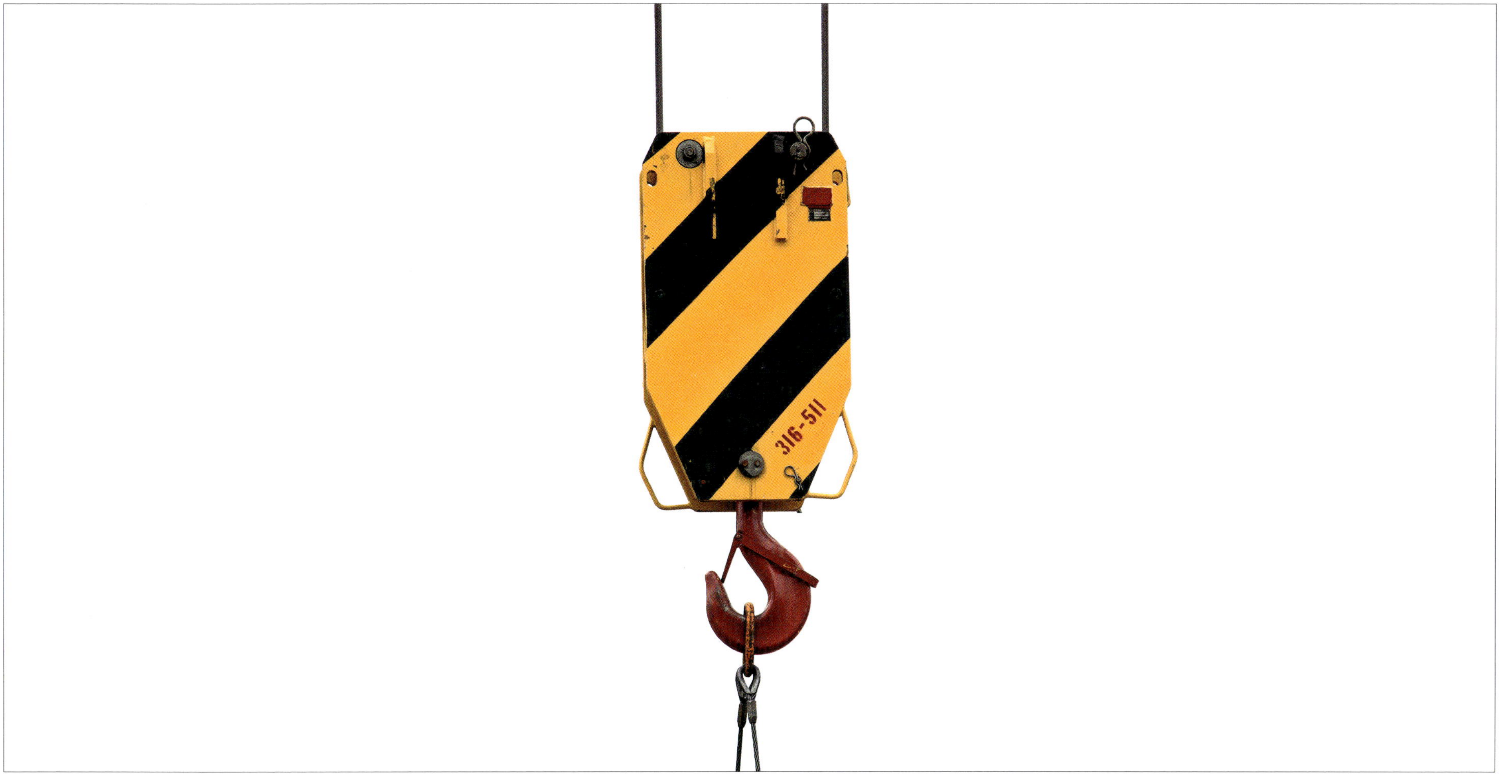
316-511

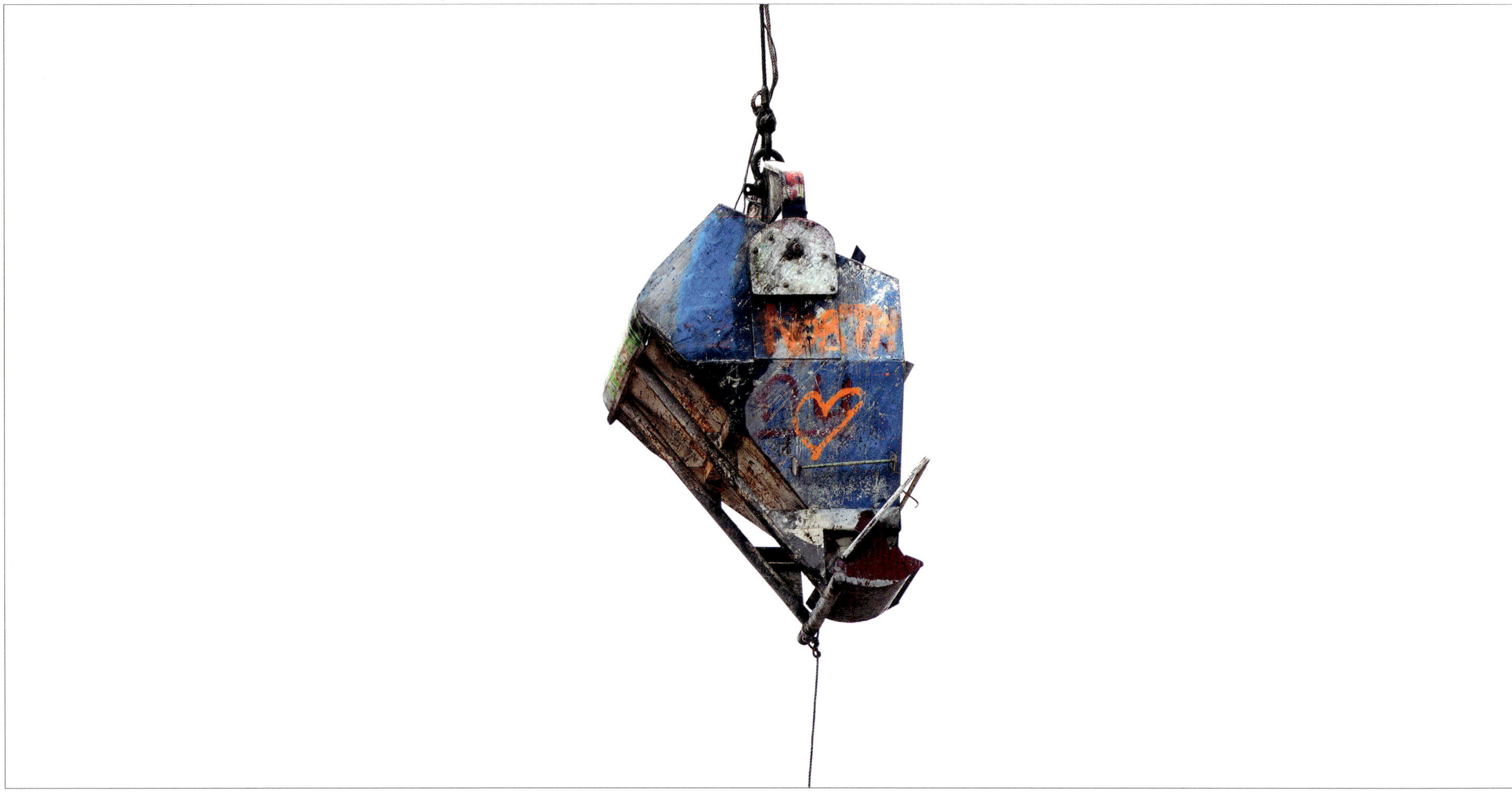

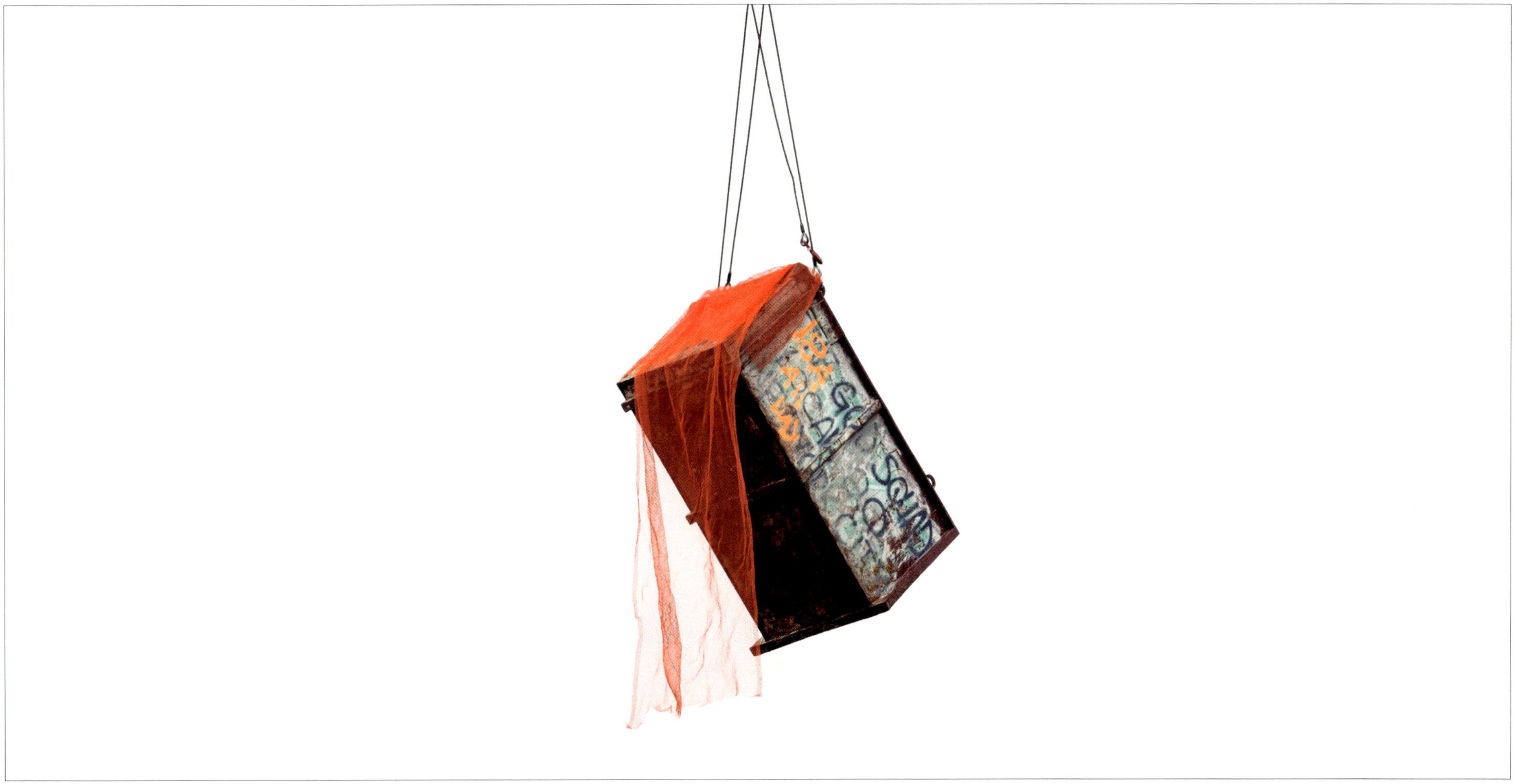

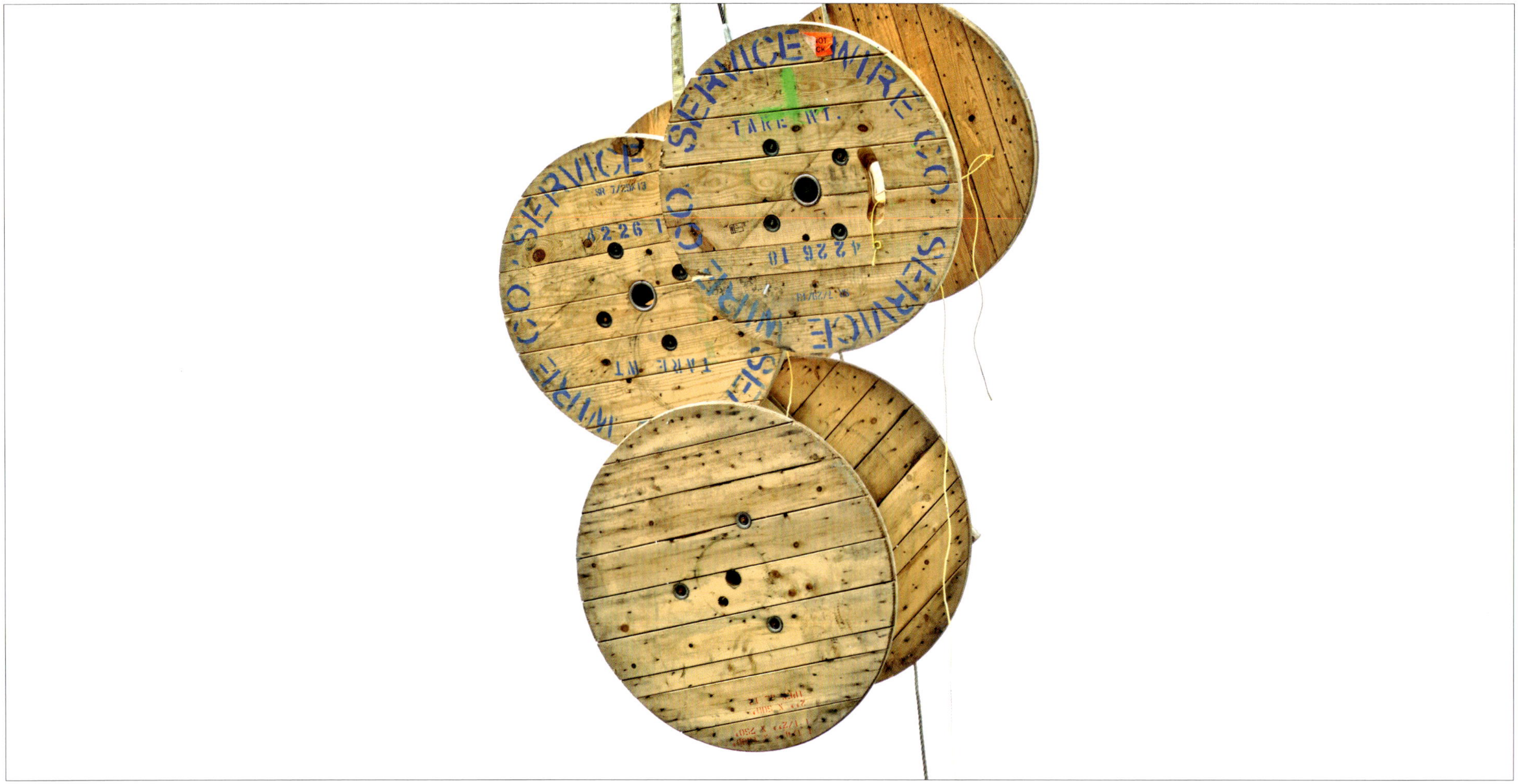
SERVICE WIRE CO.
TARE WT.
SERVICE WIRE CO.
TARE WT.

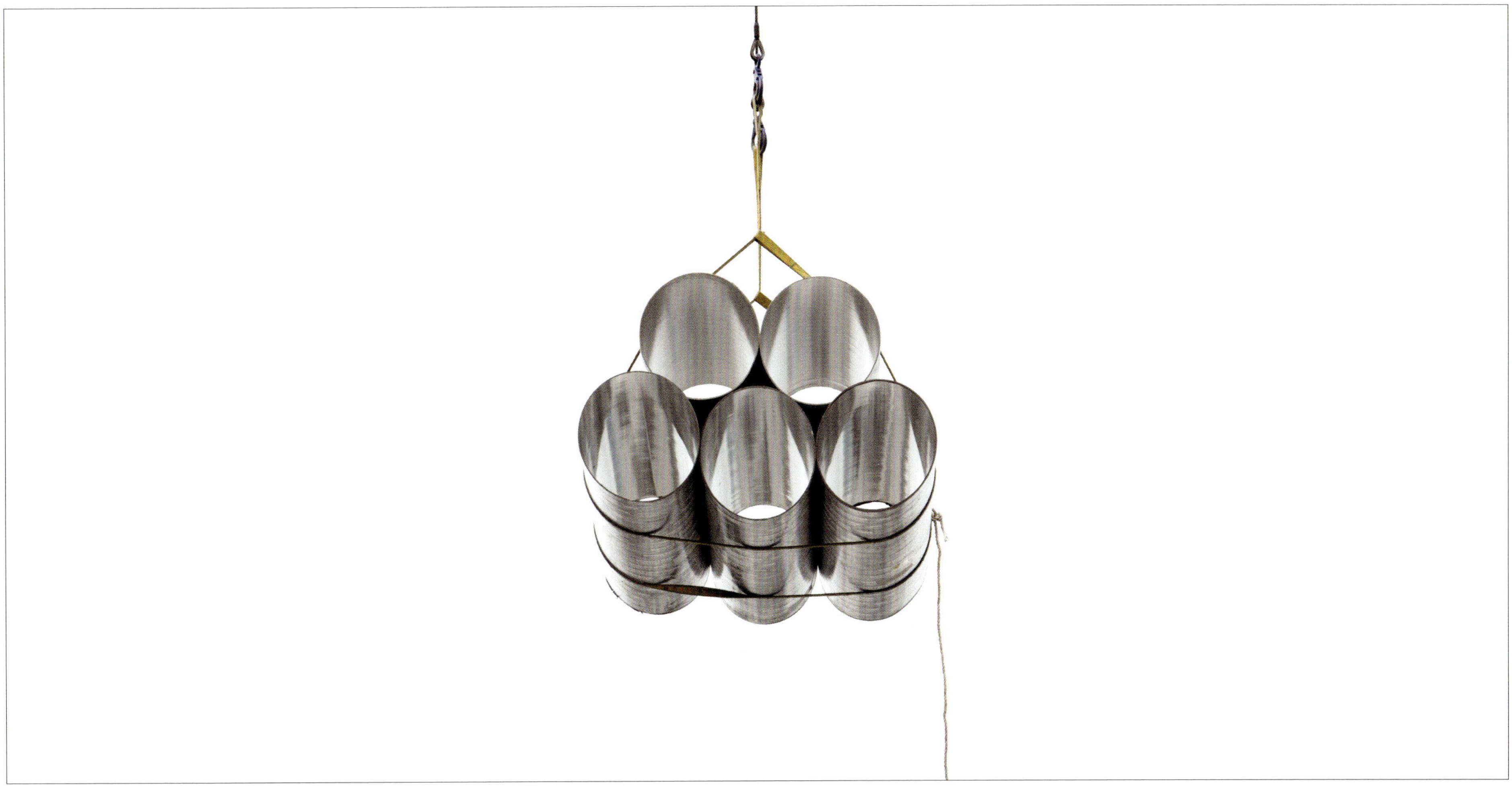

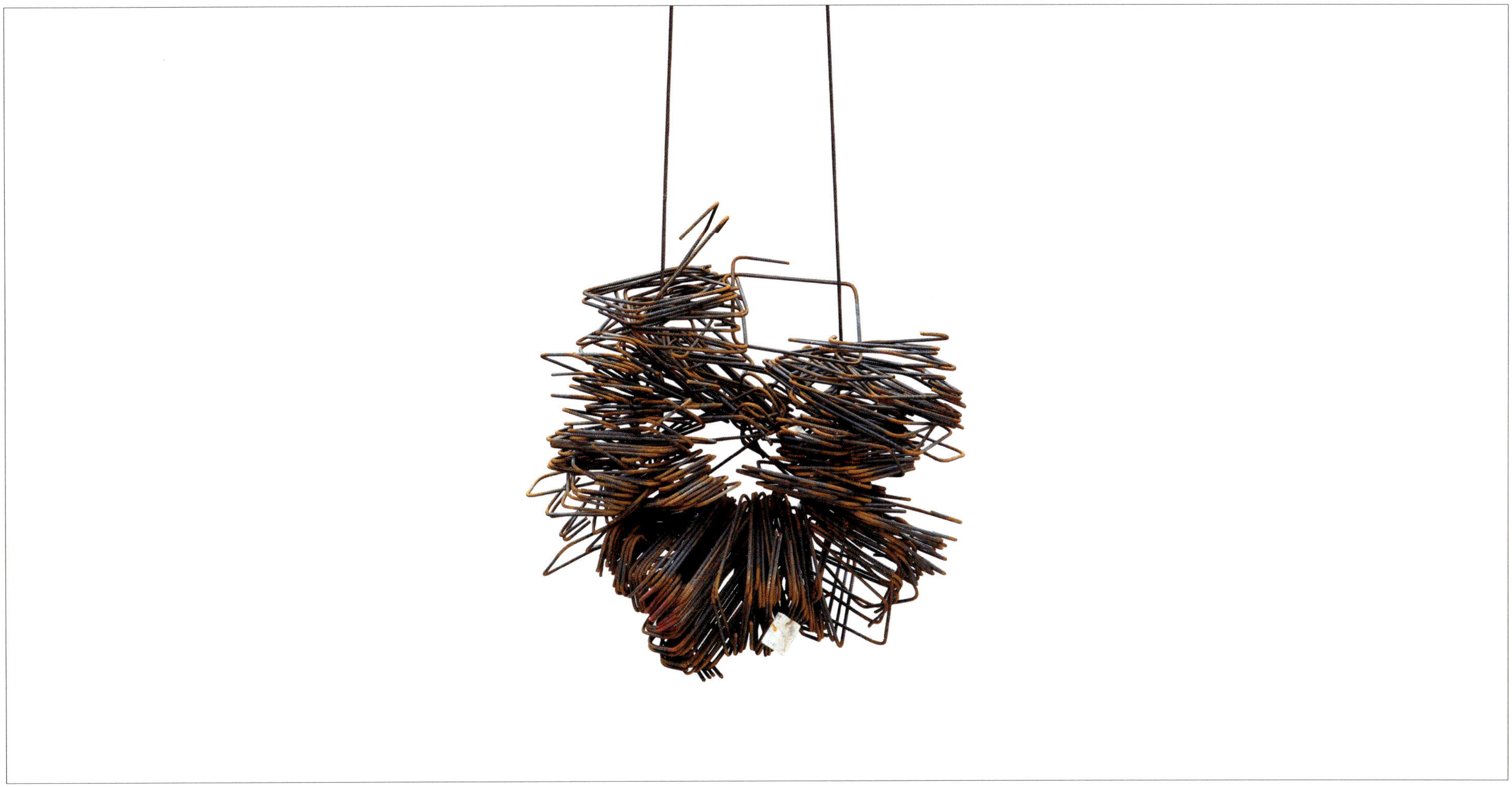

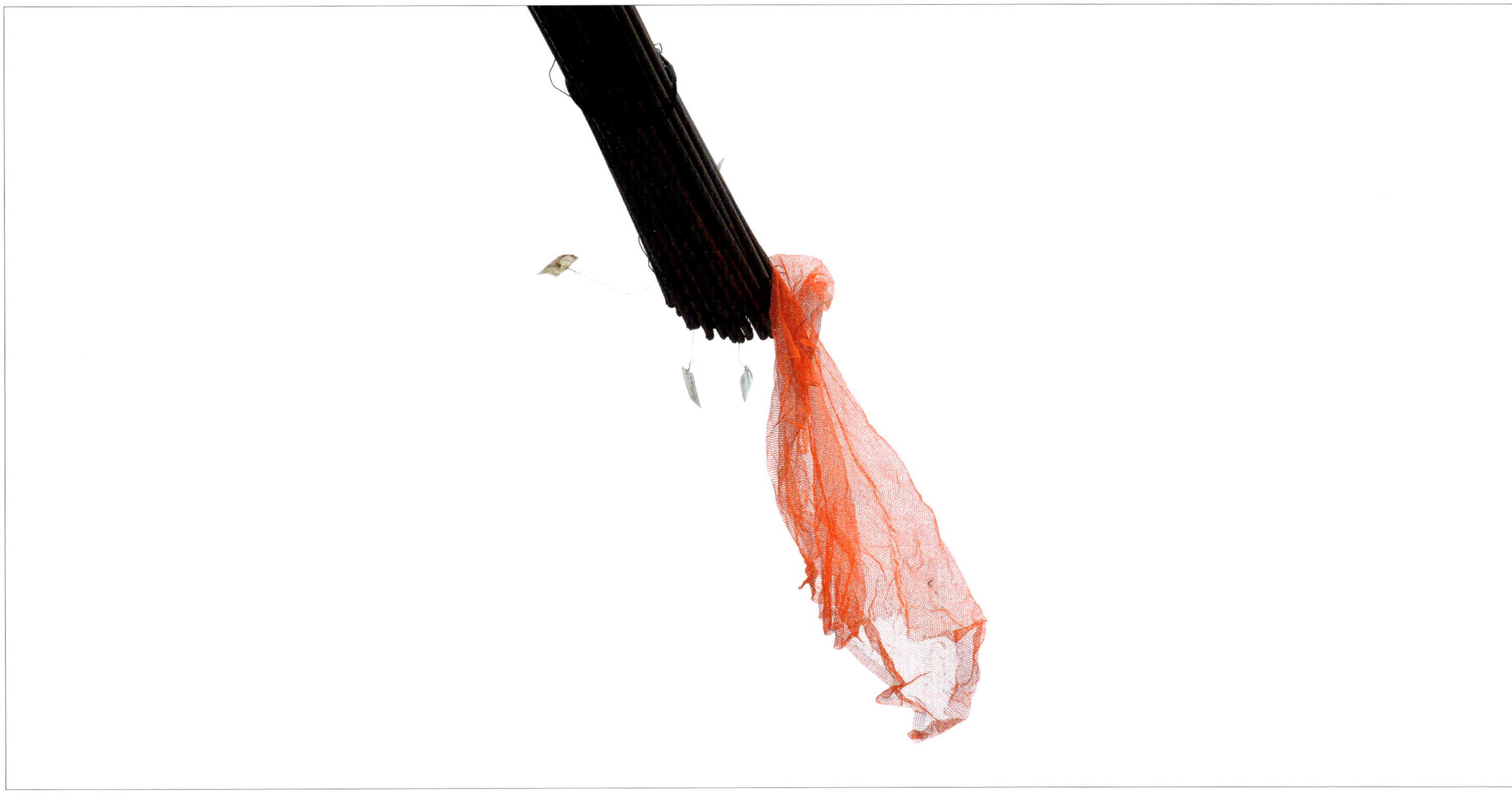

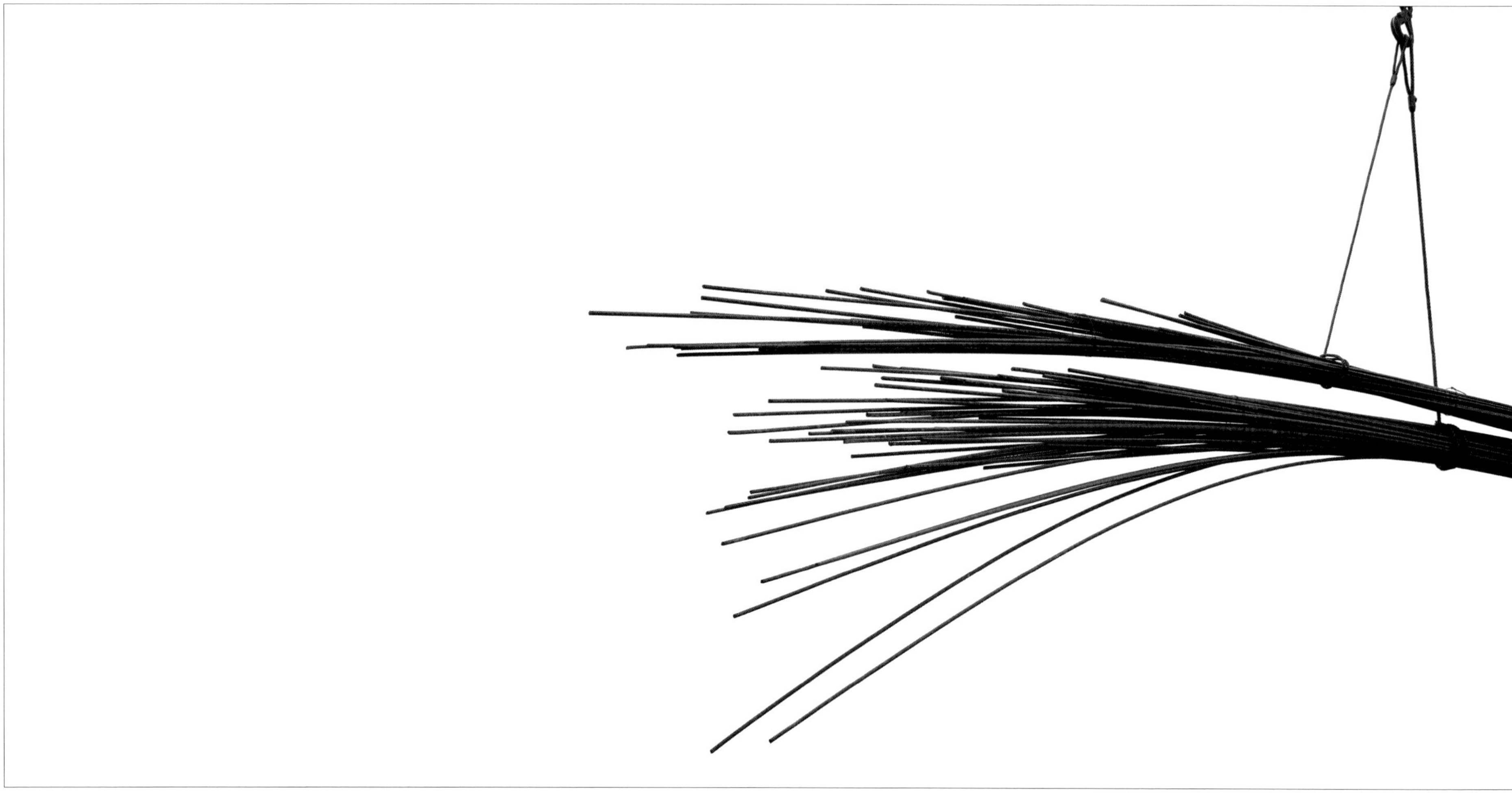

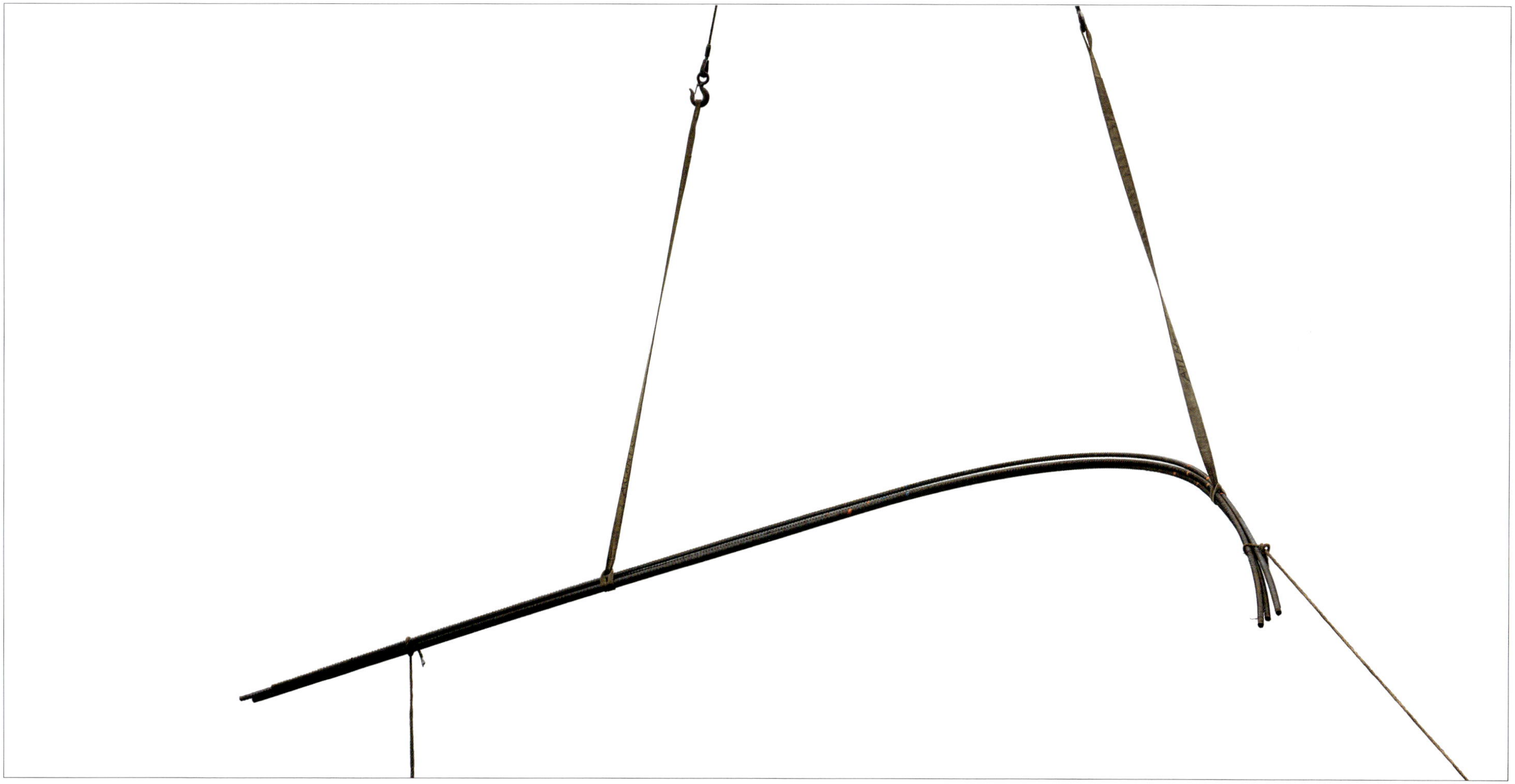

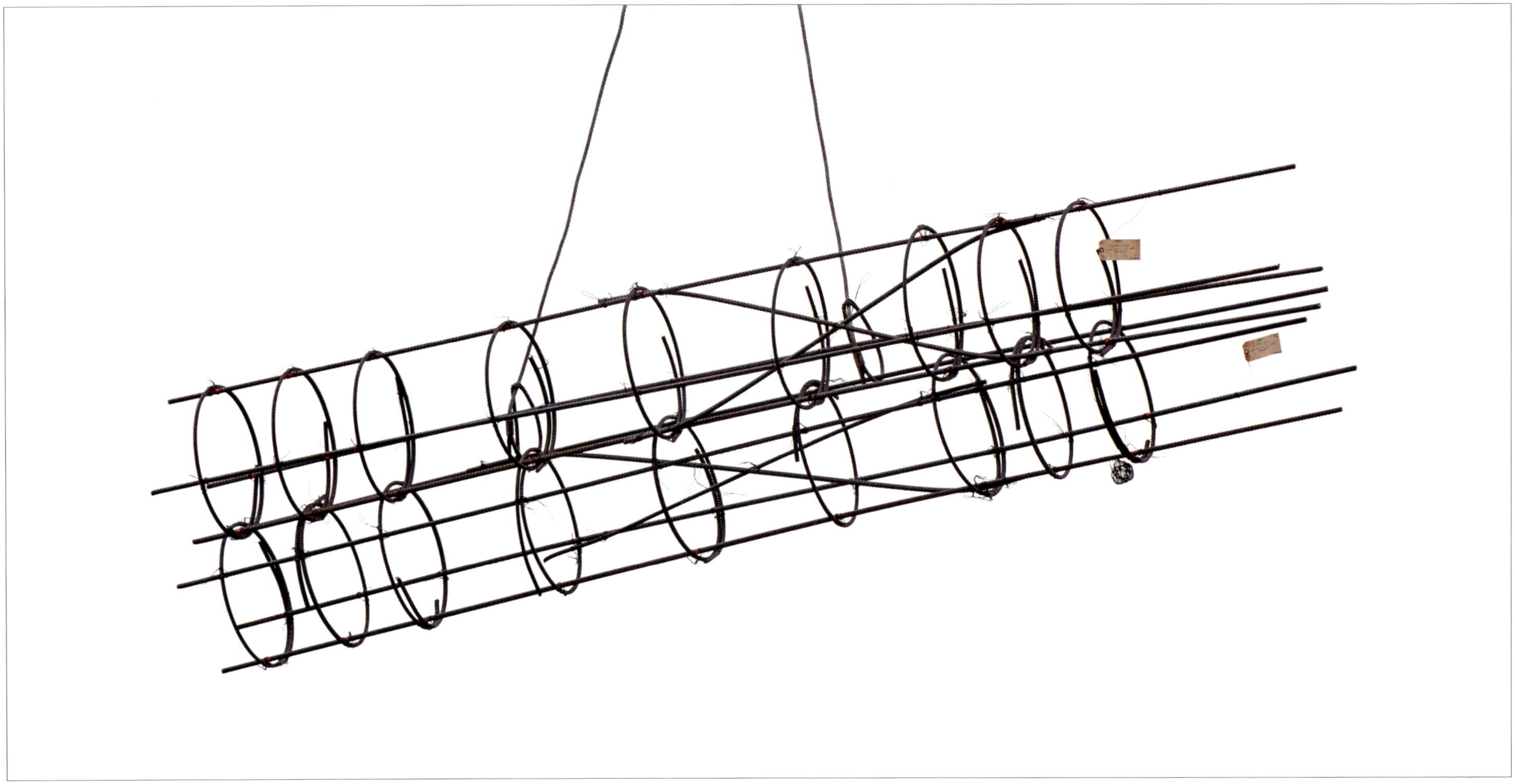

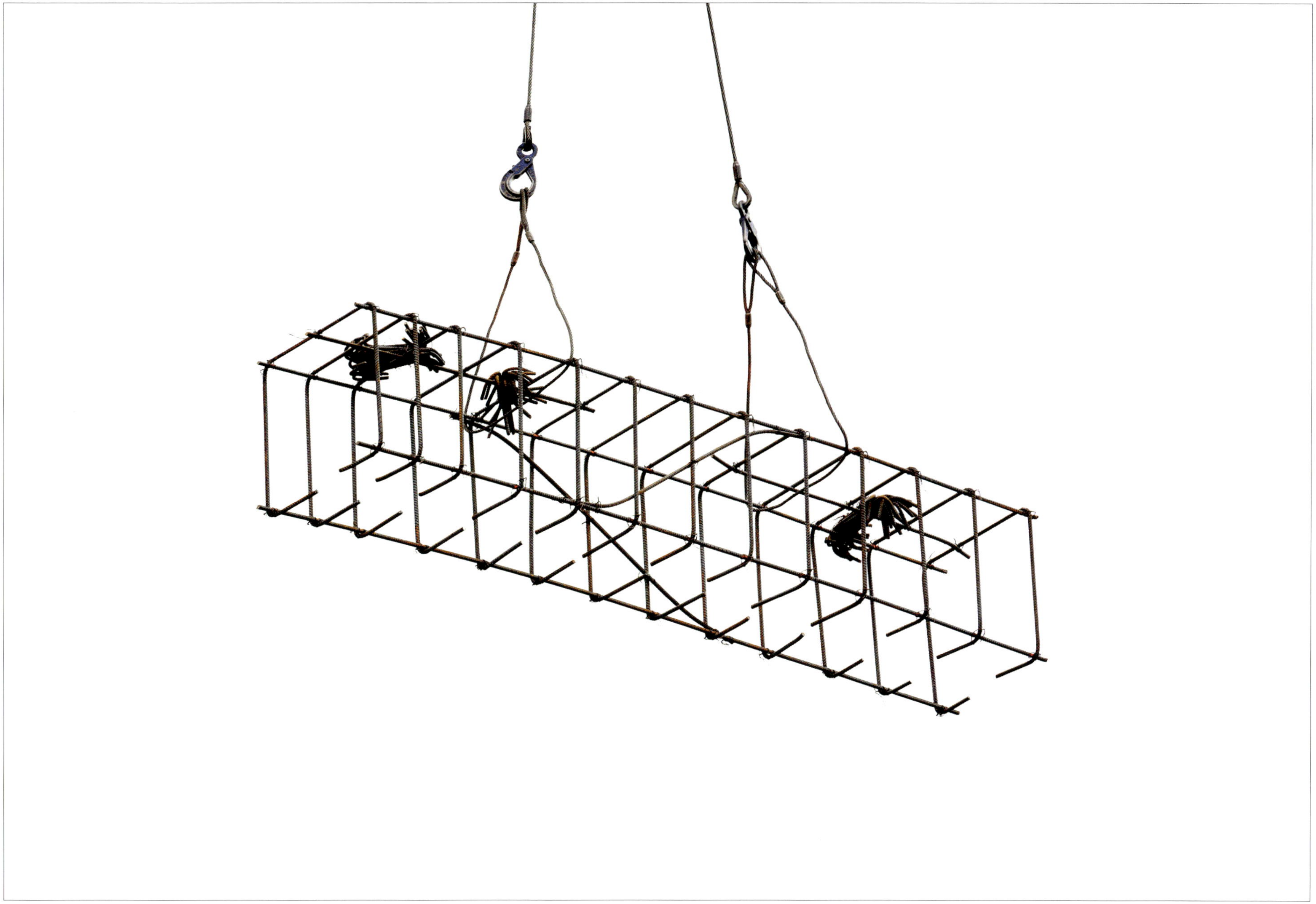

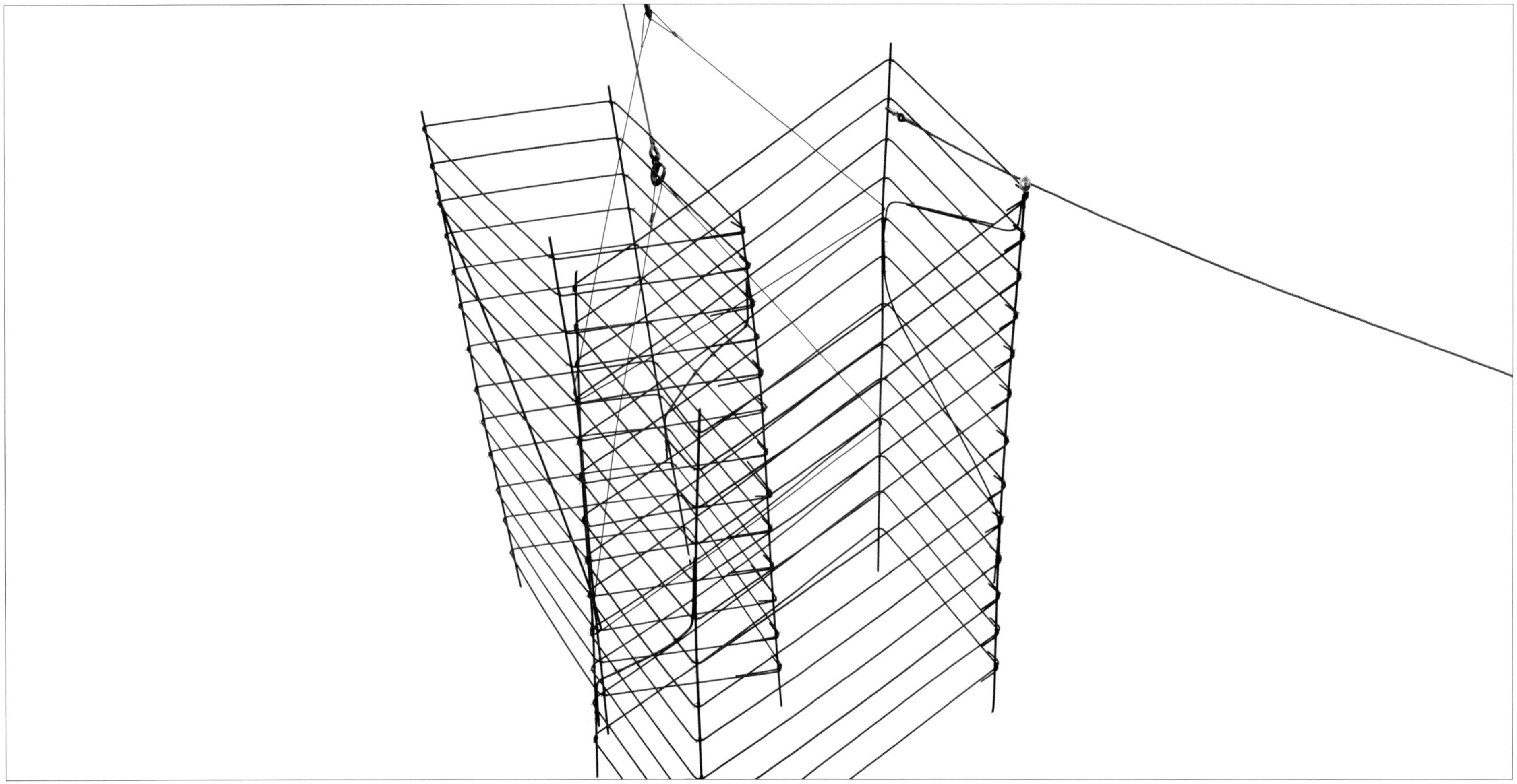

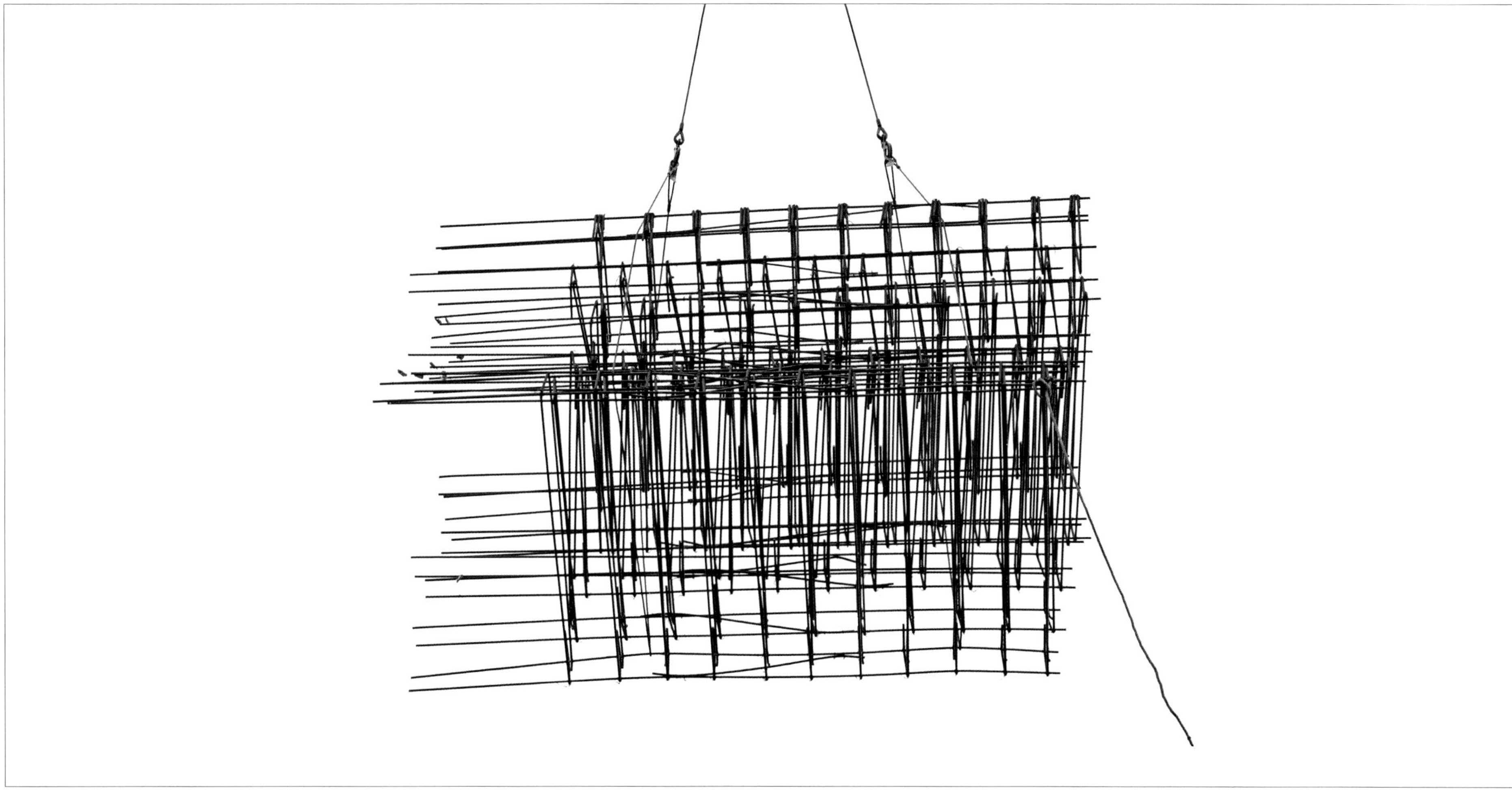

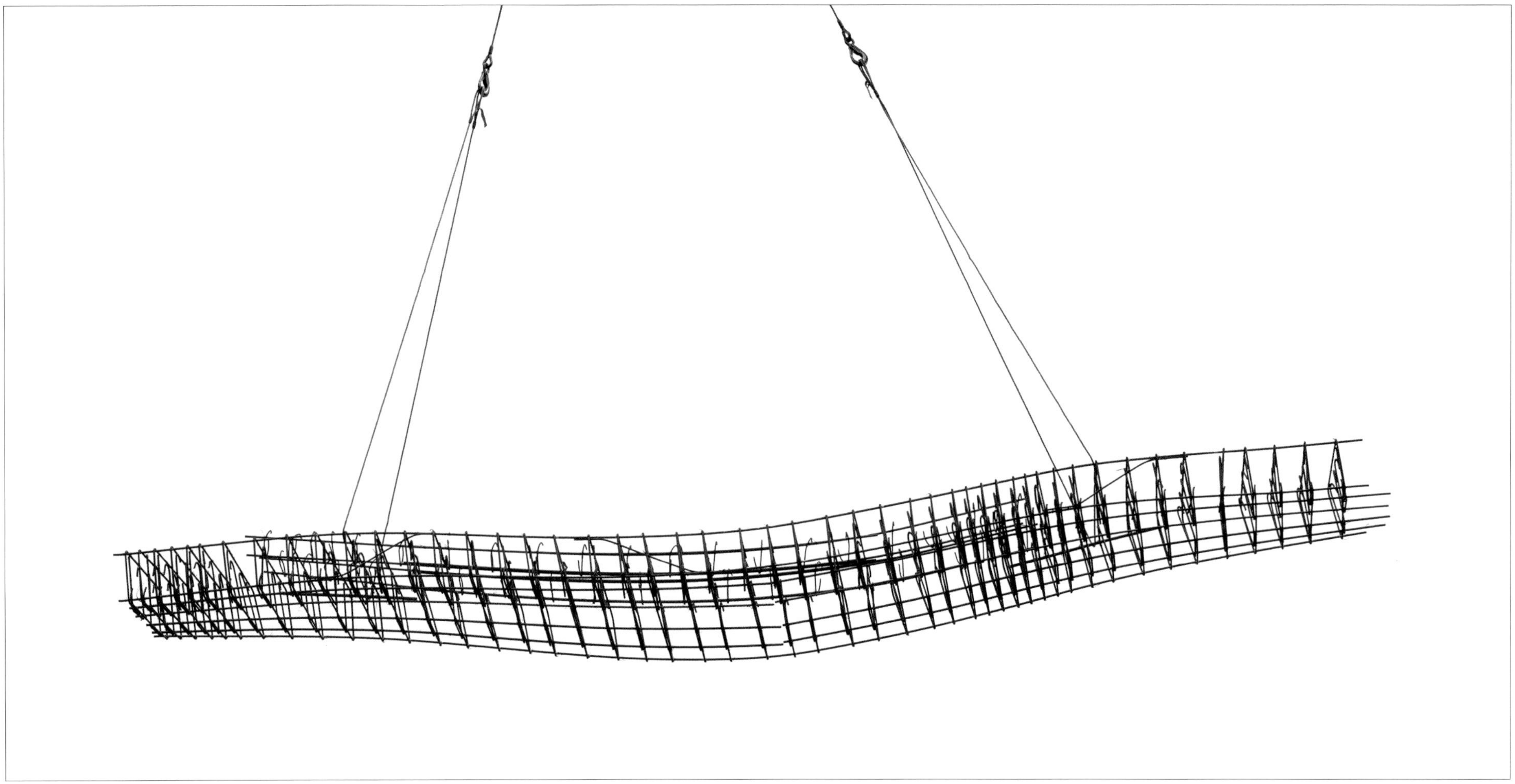

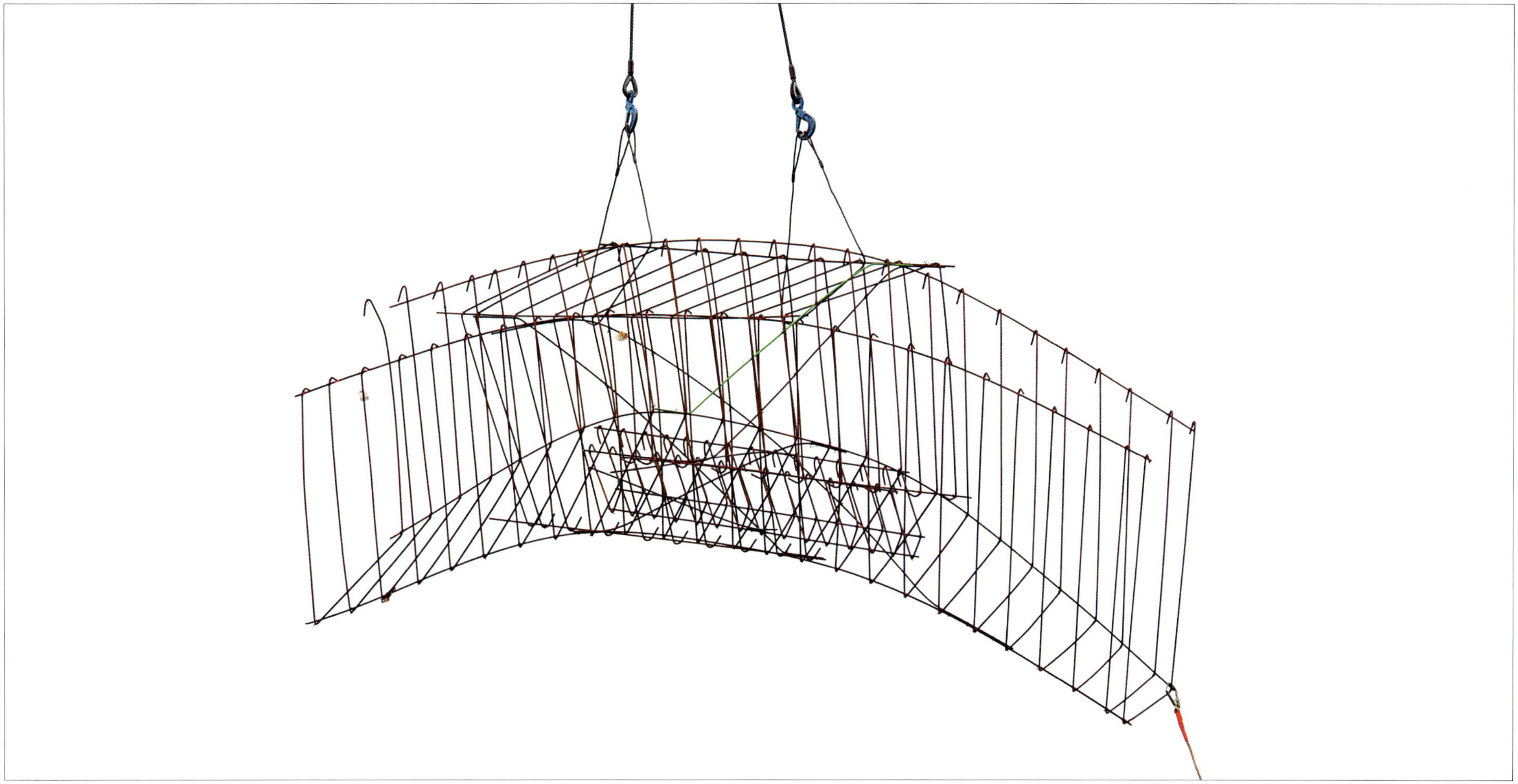

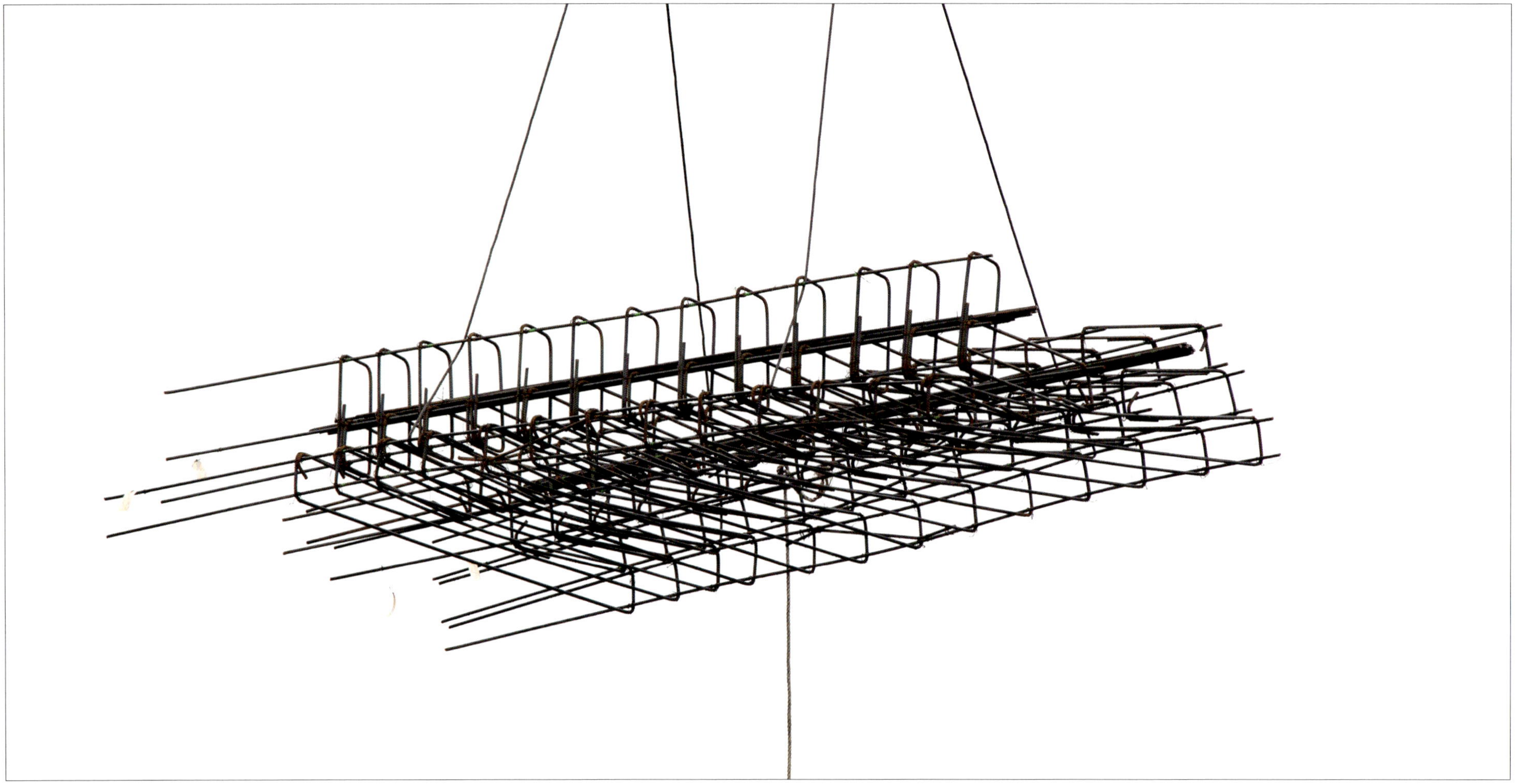

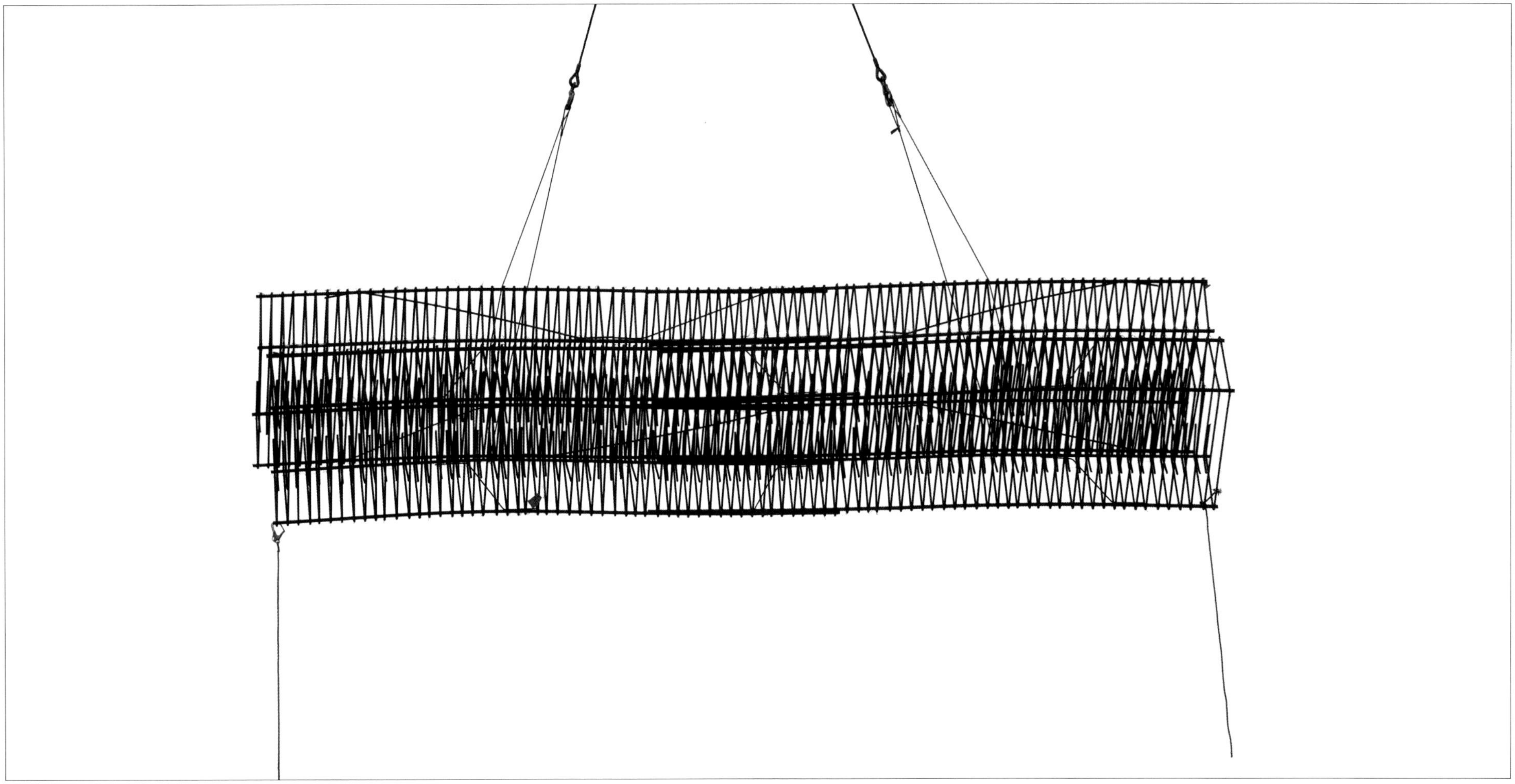

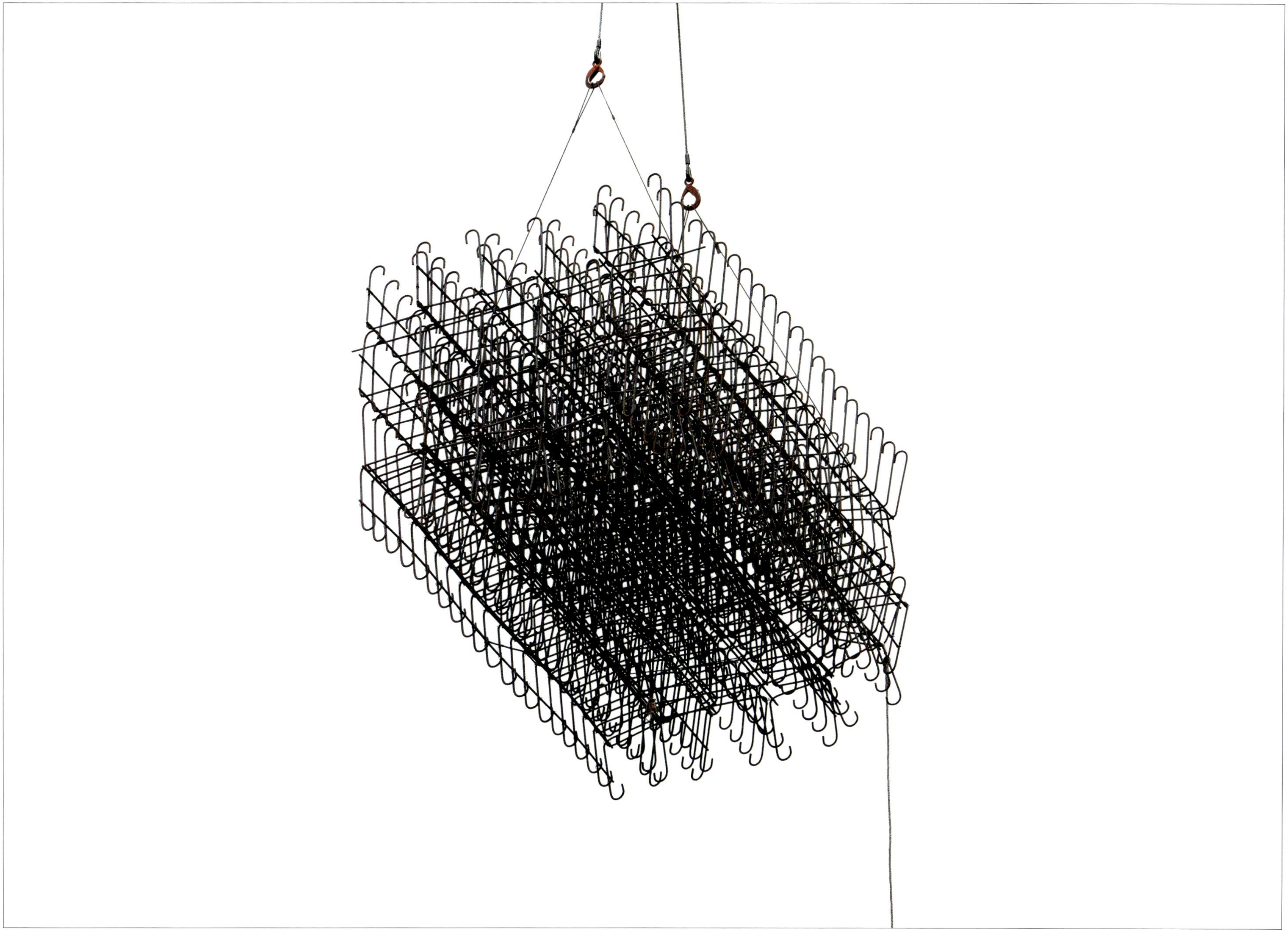

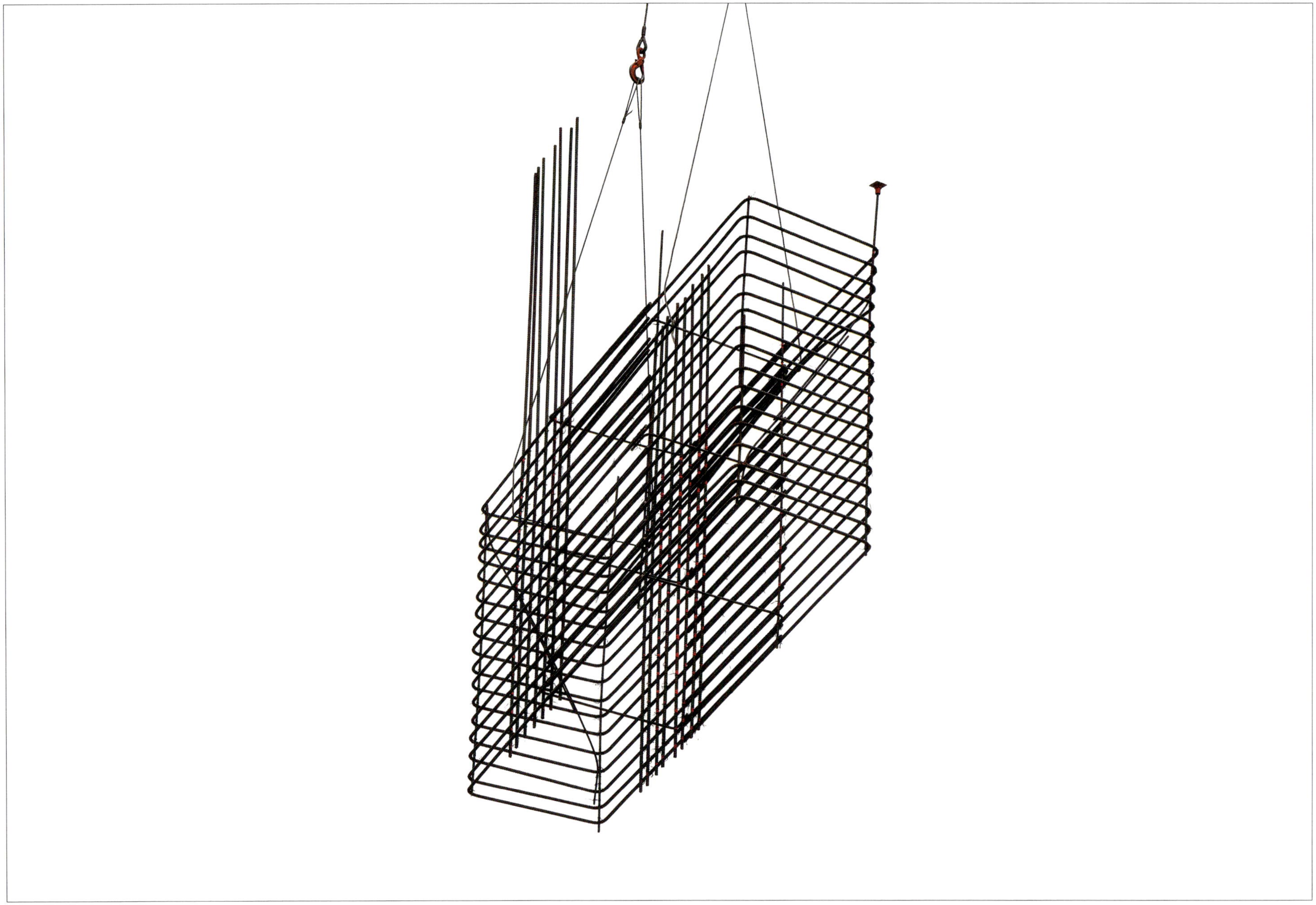

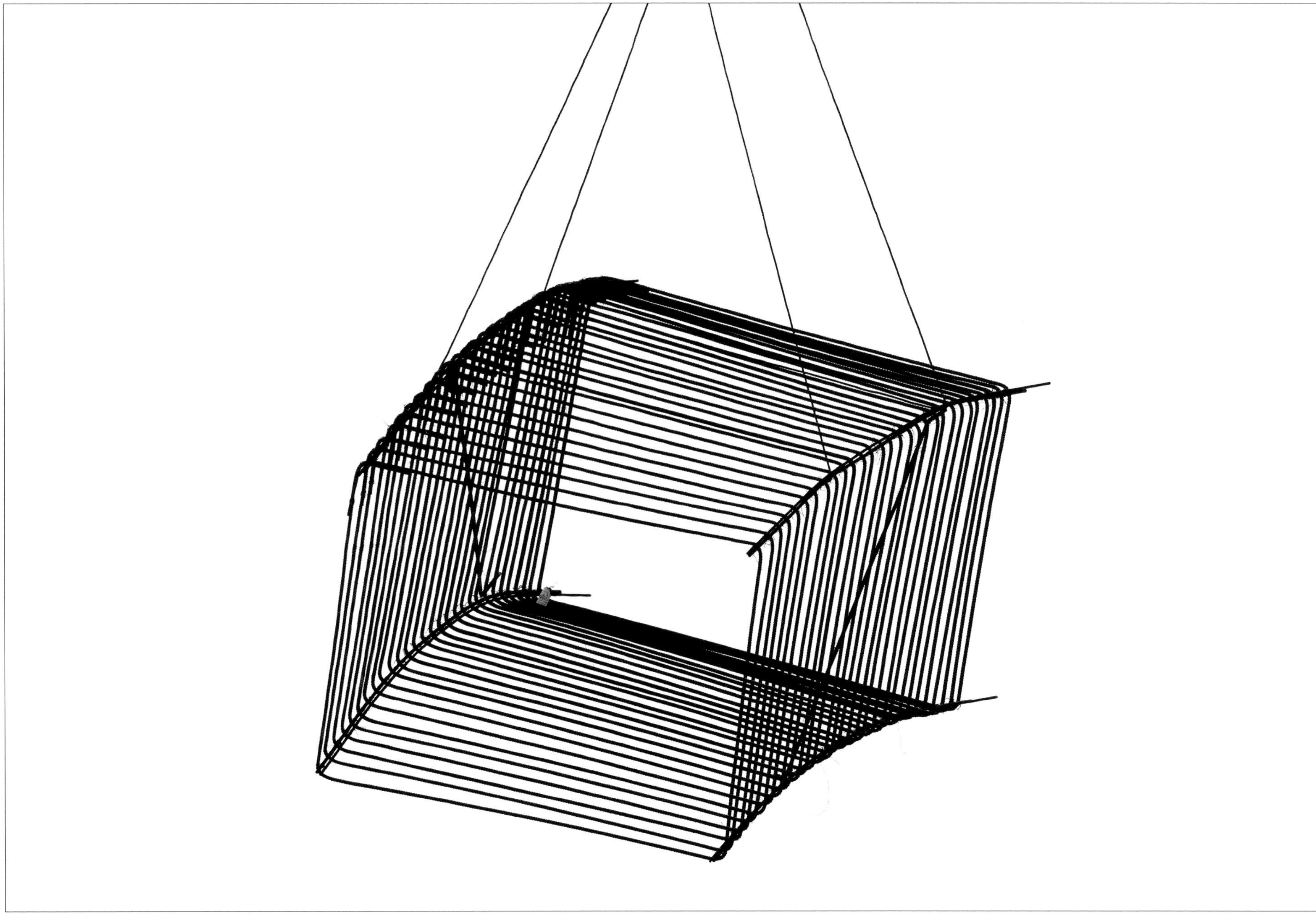

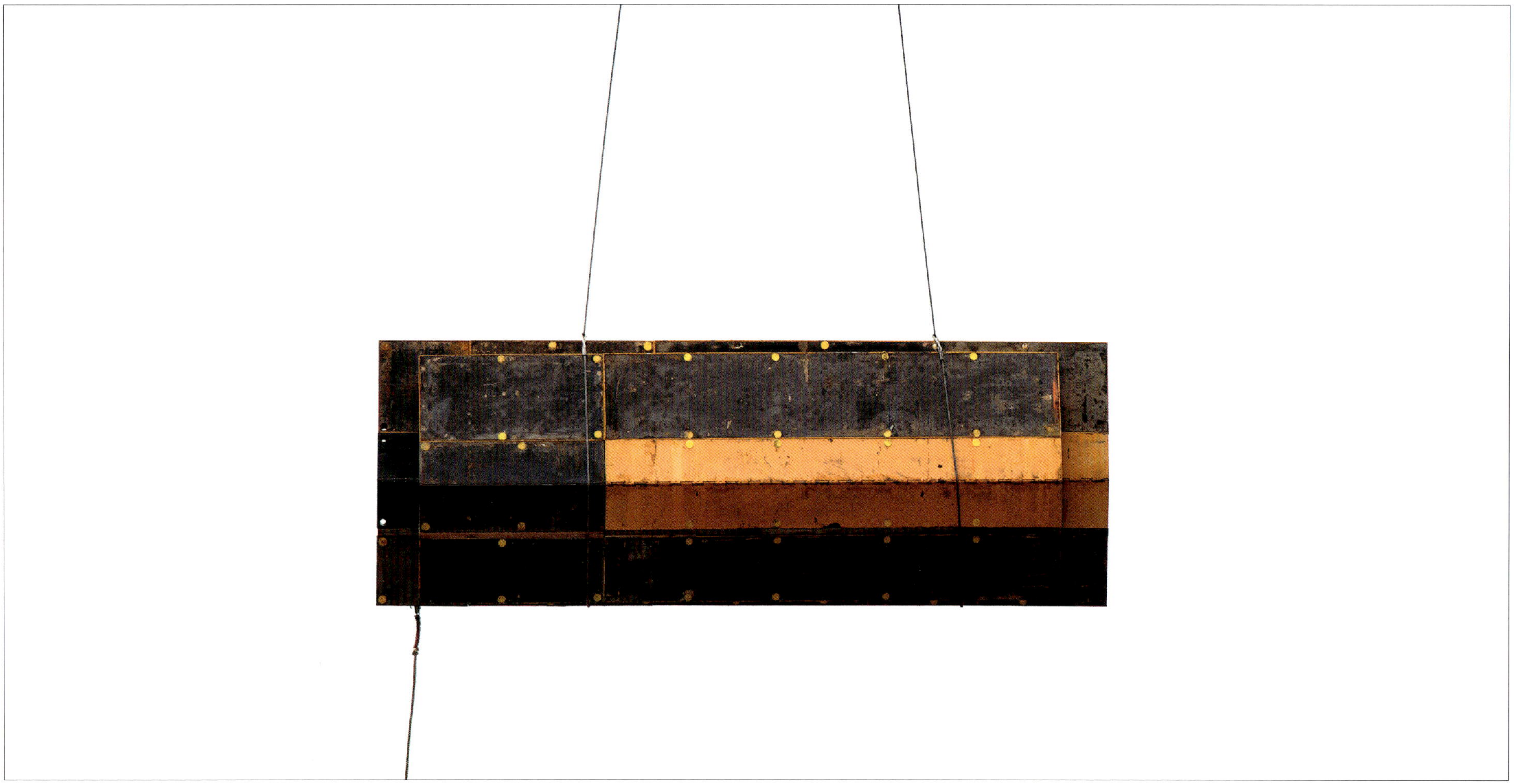

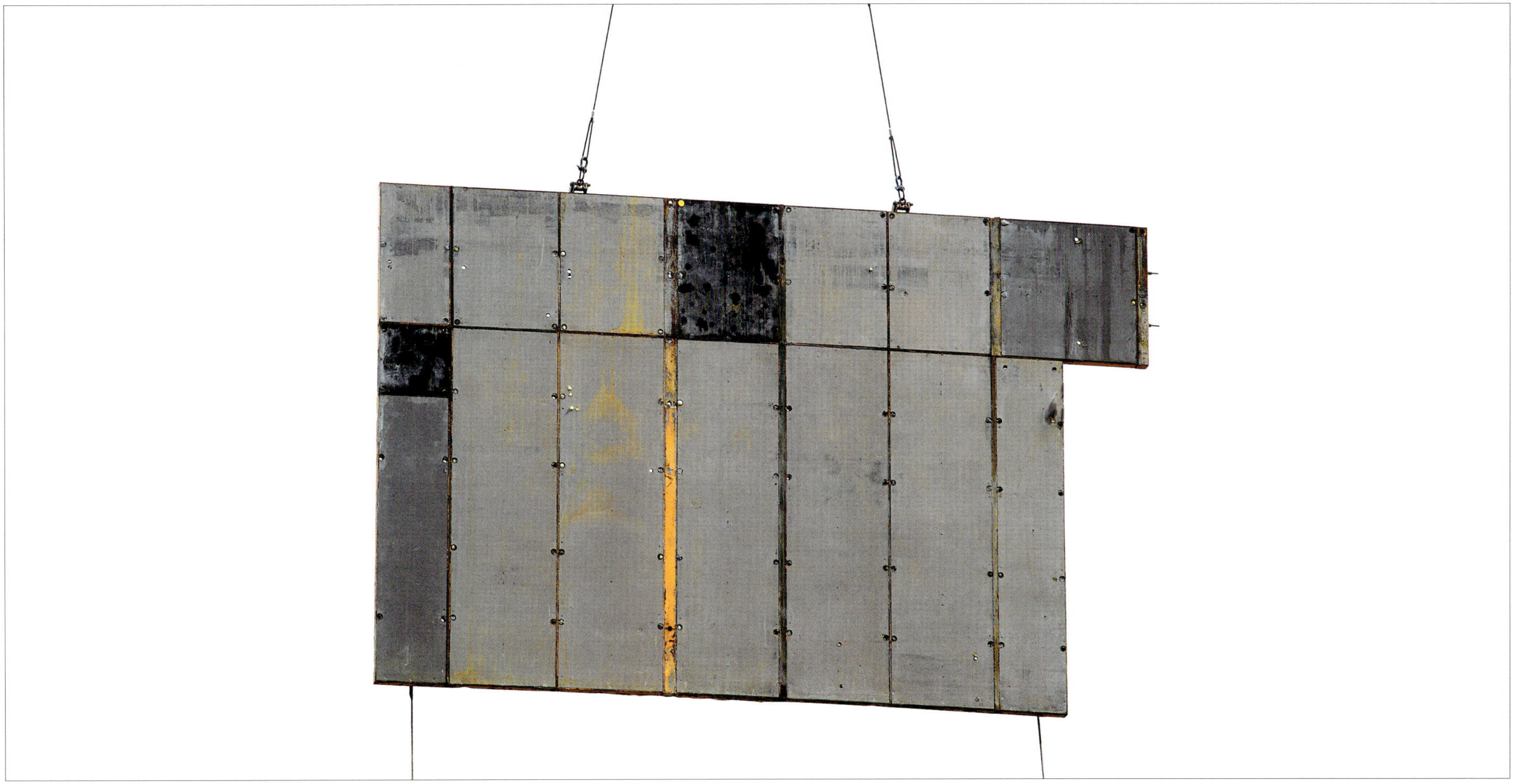

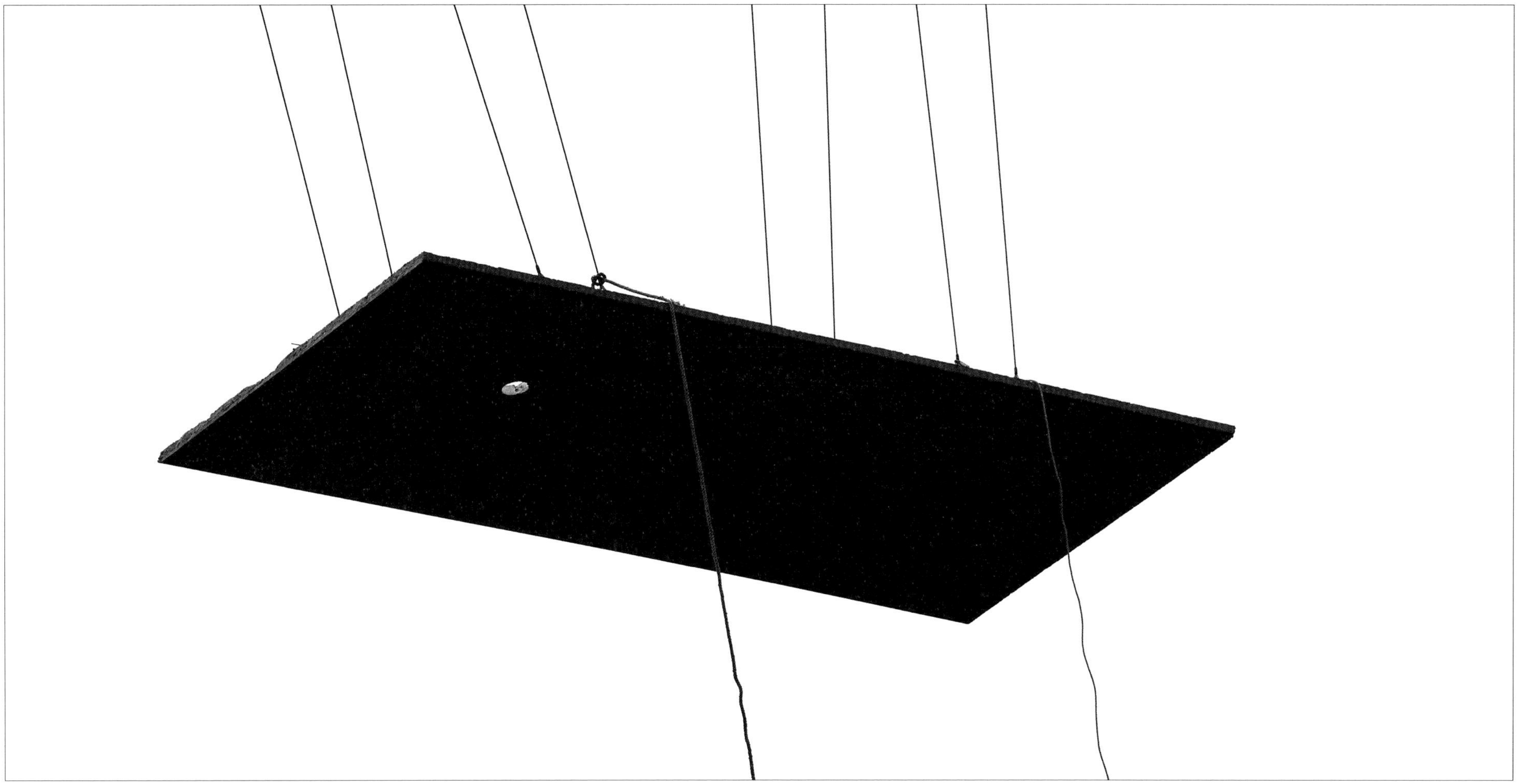

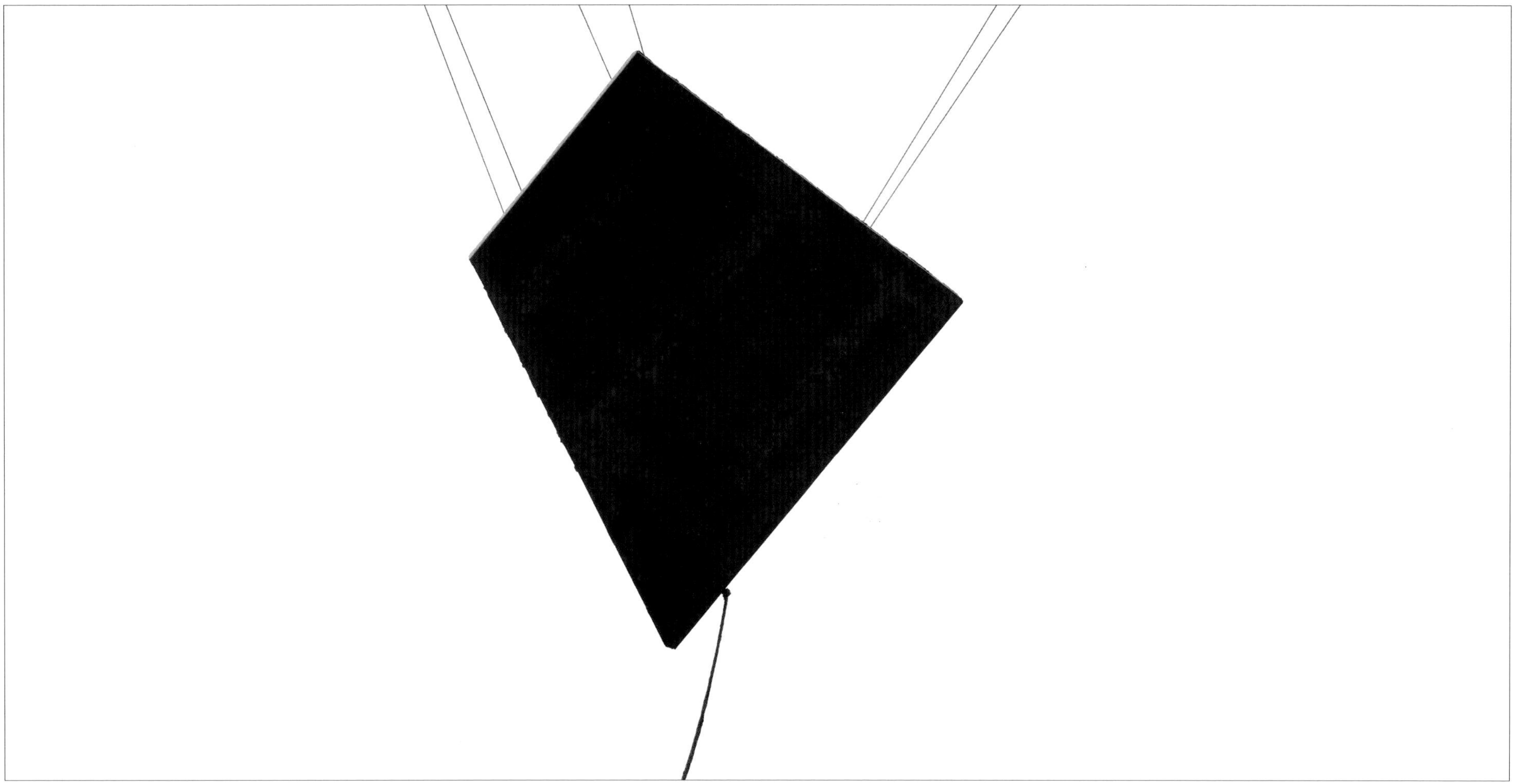

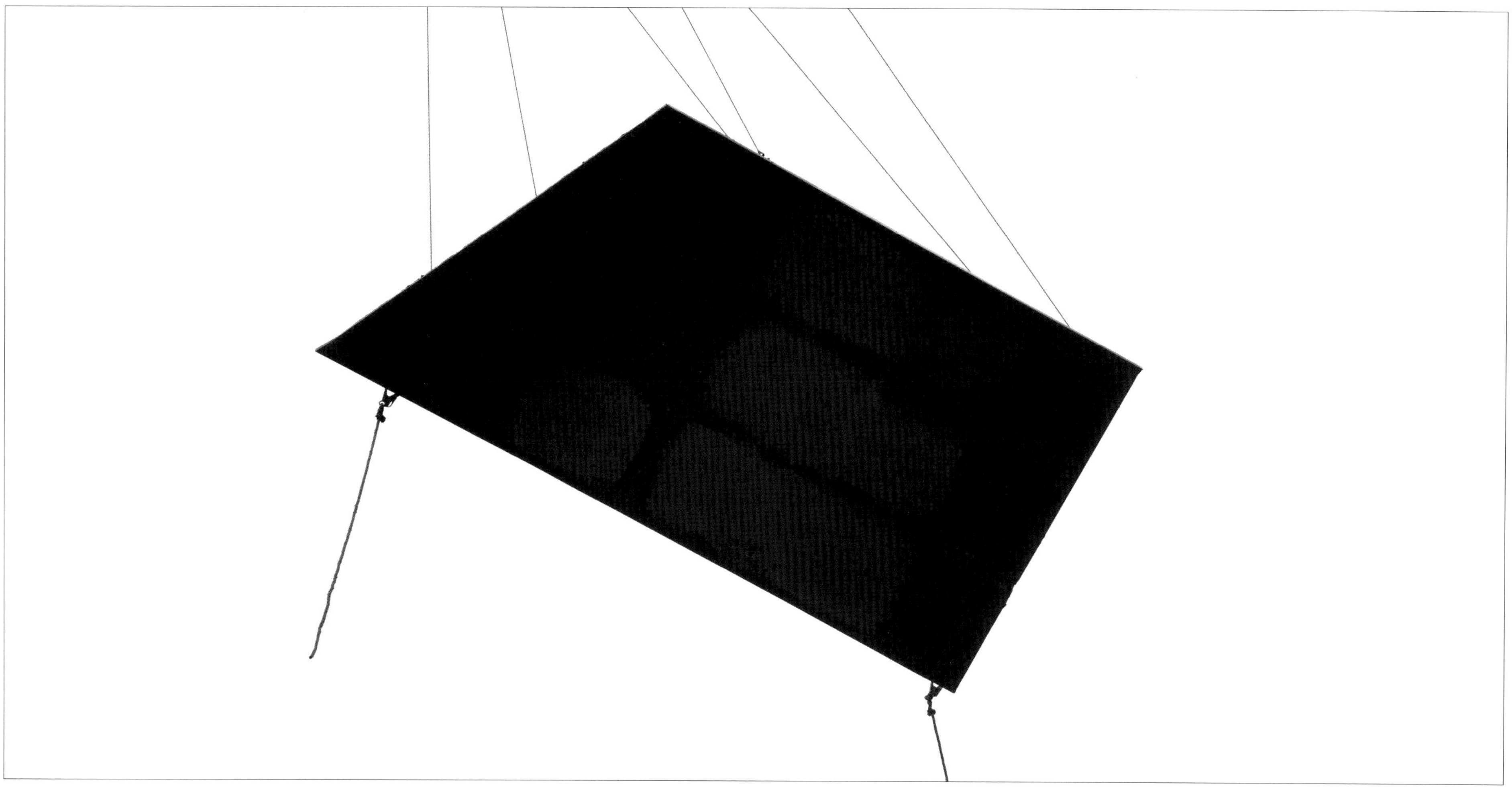

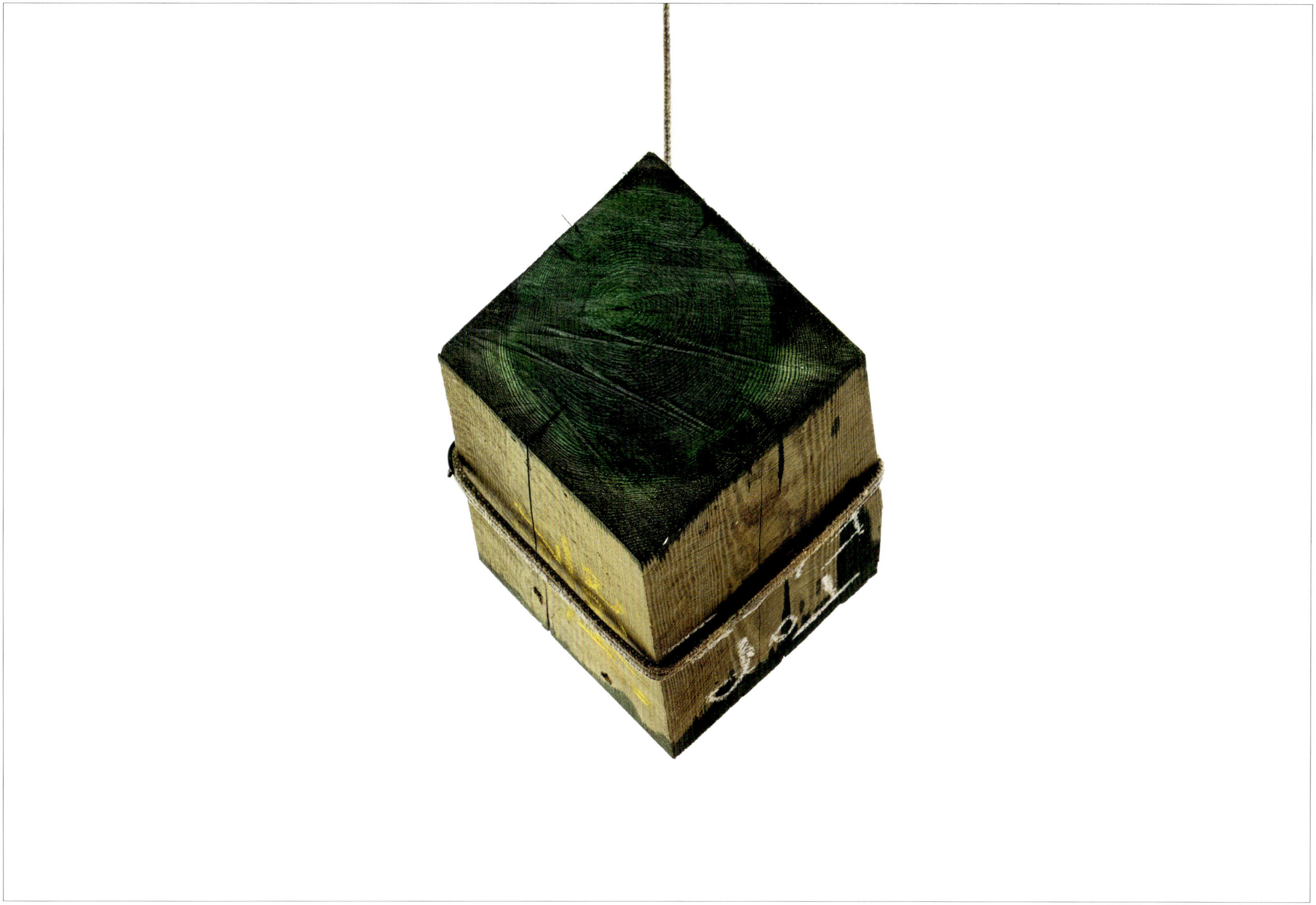

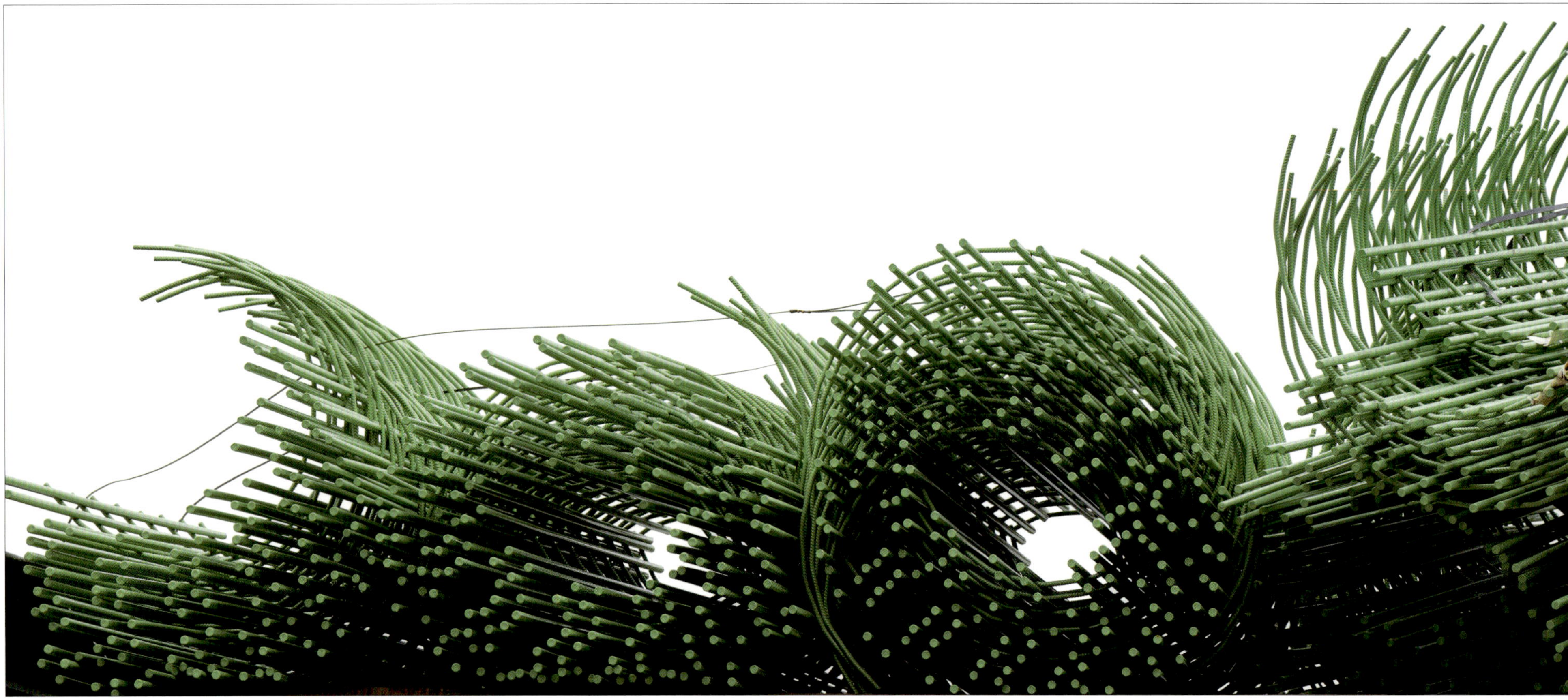

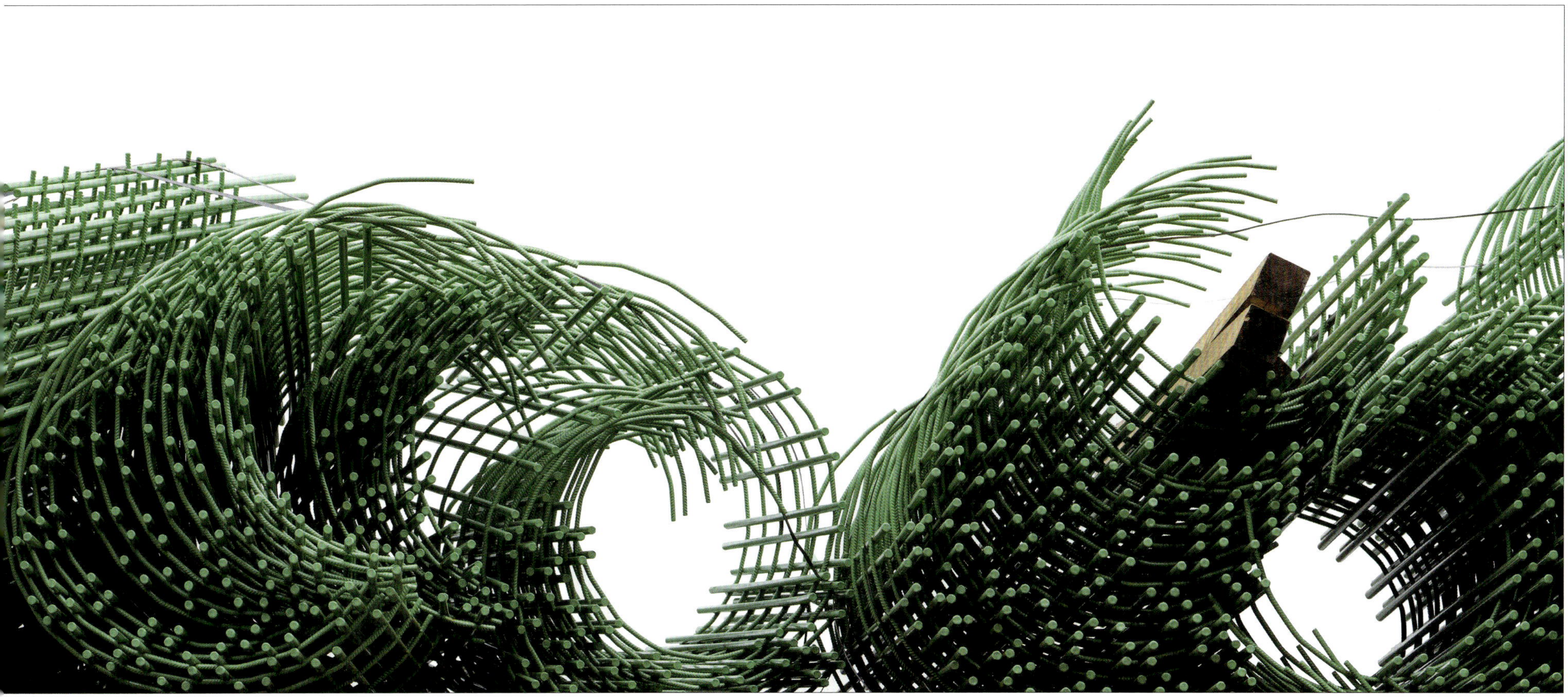

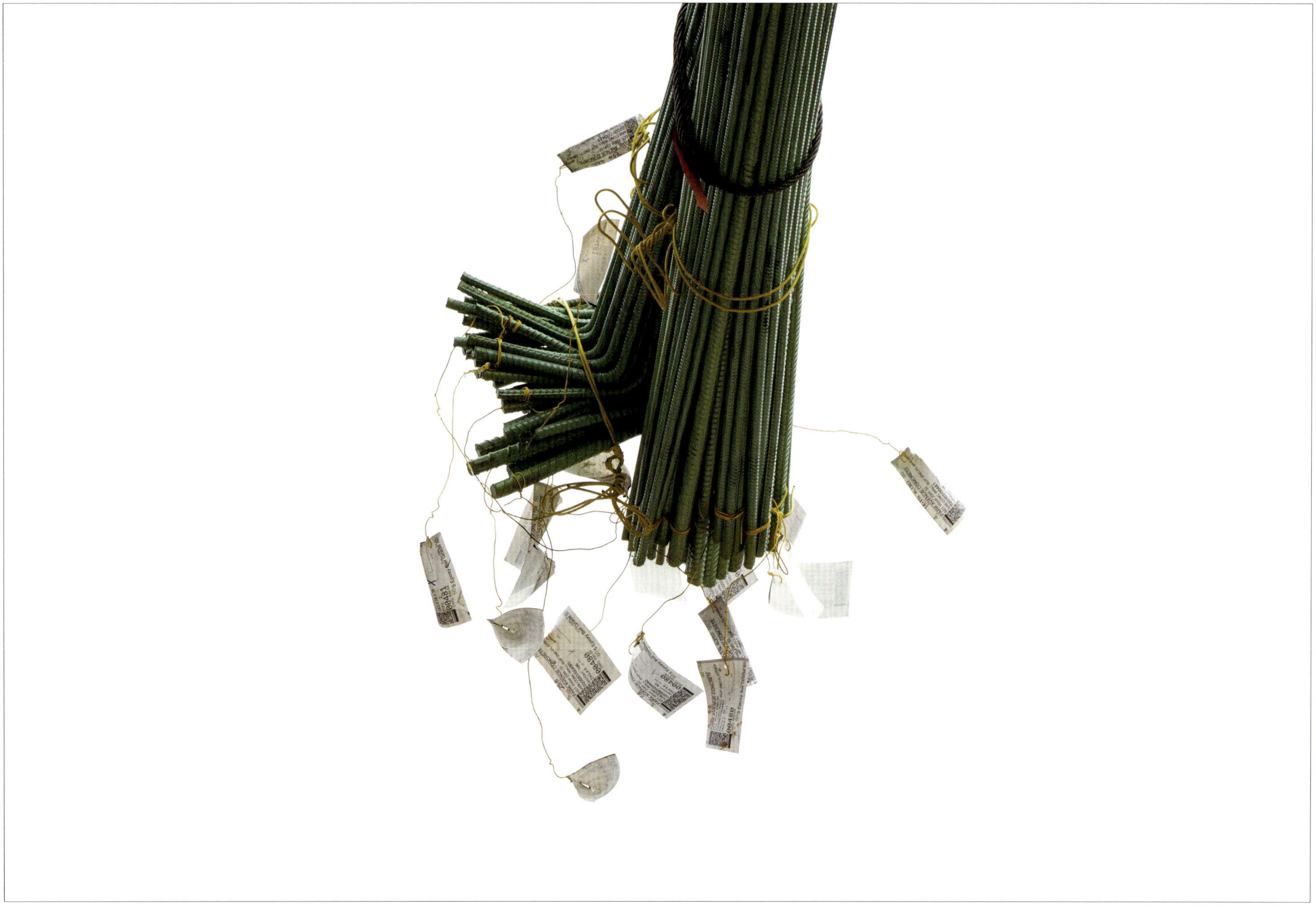

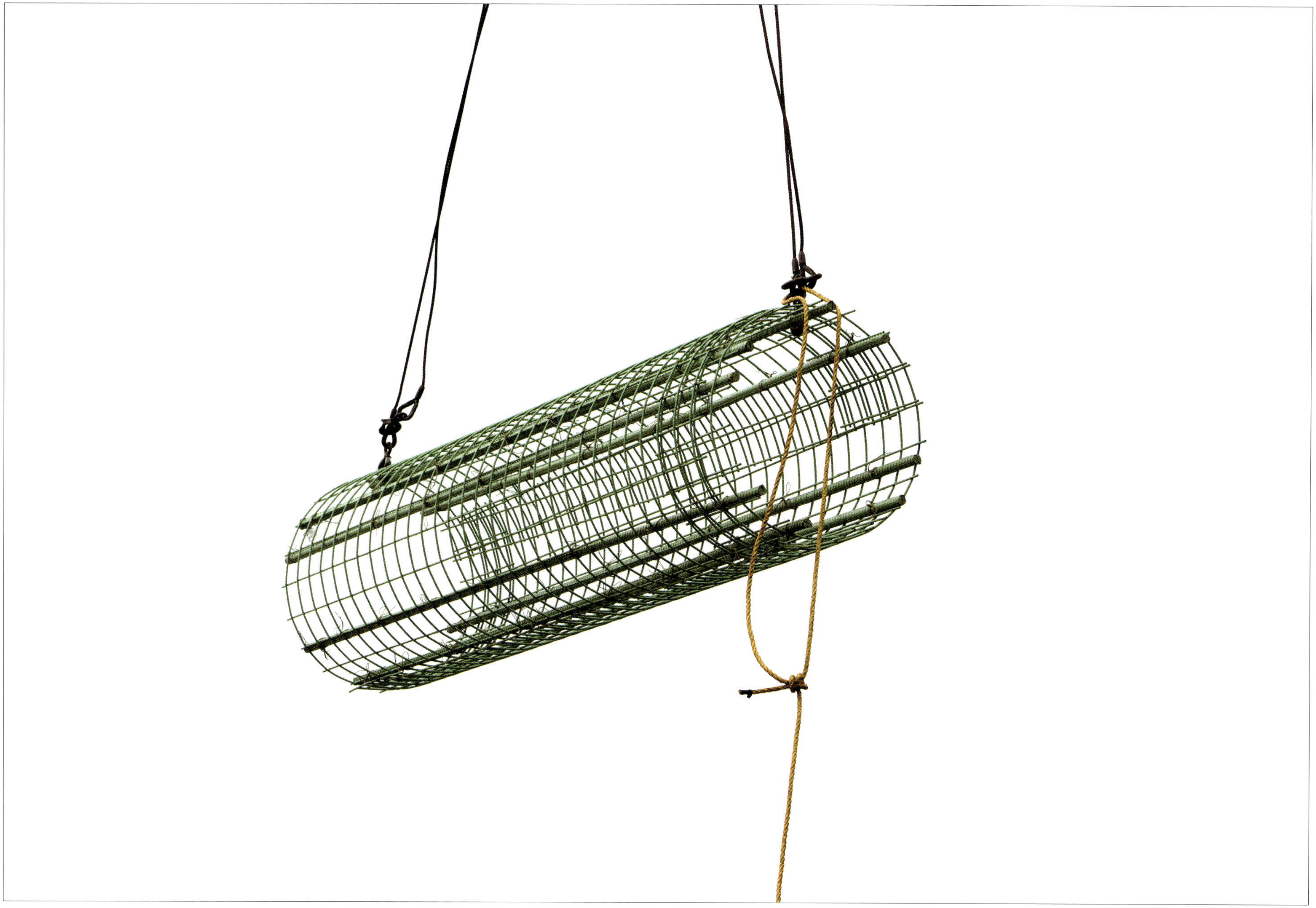

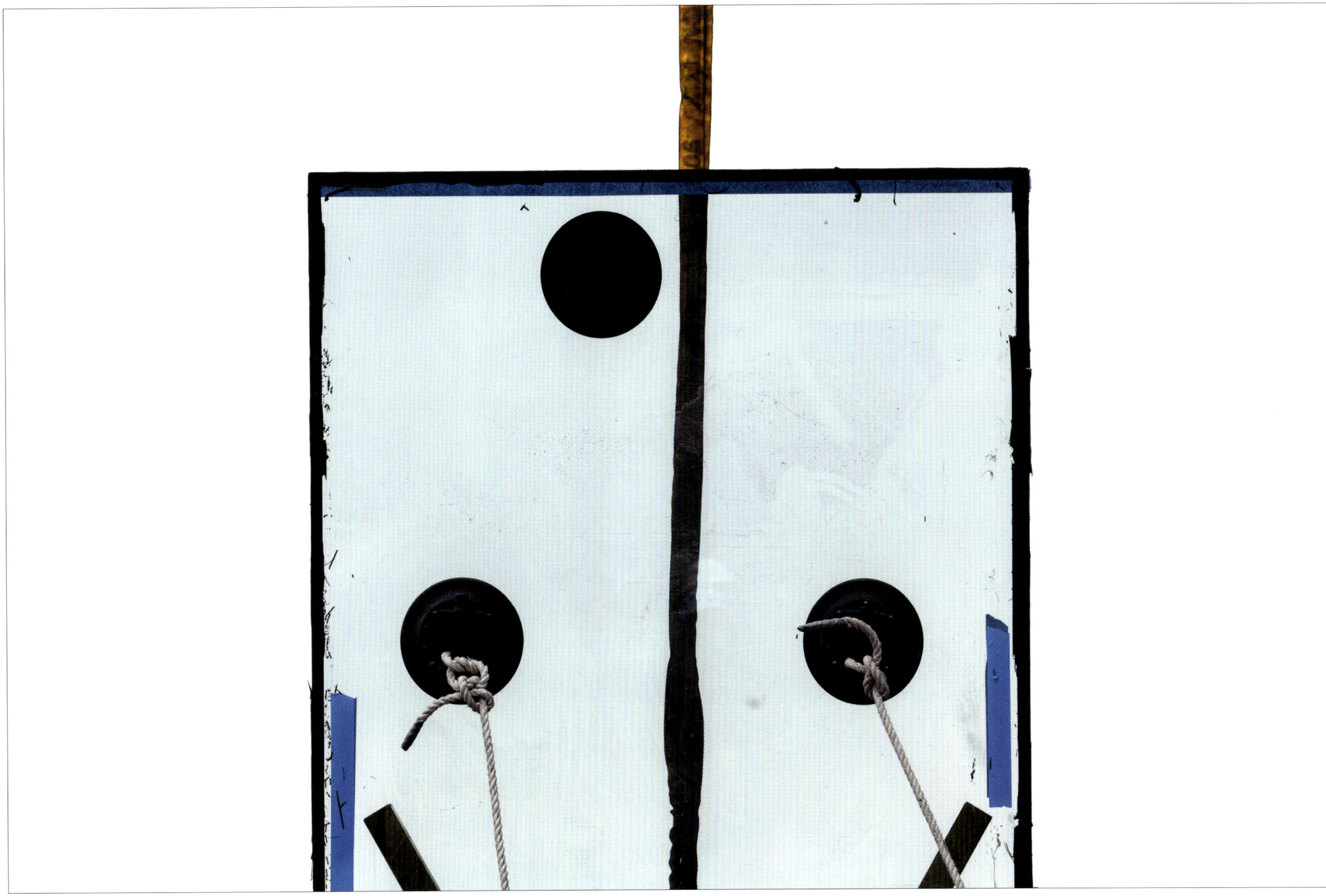

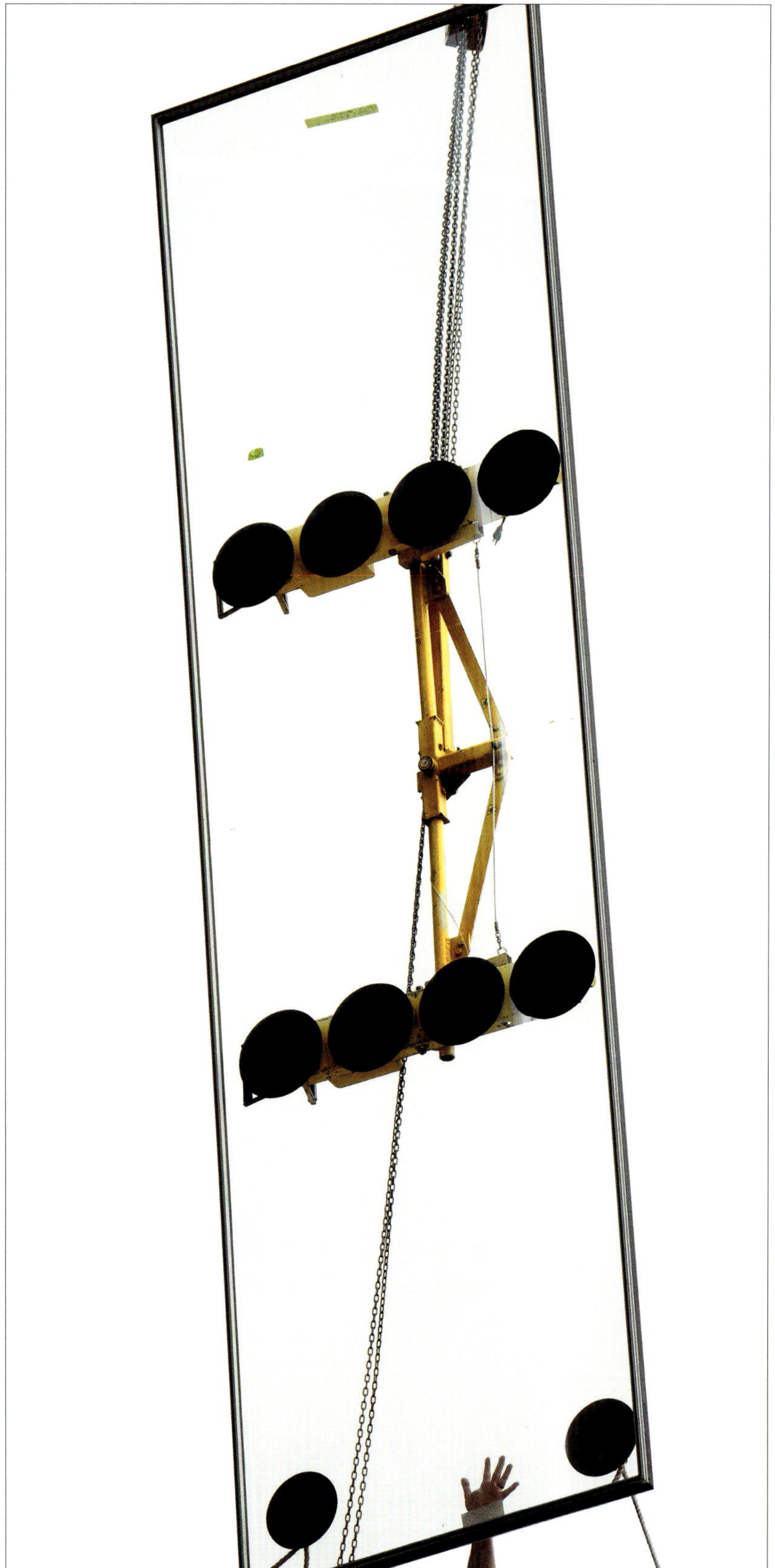

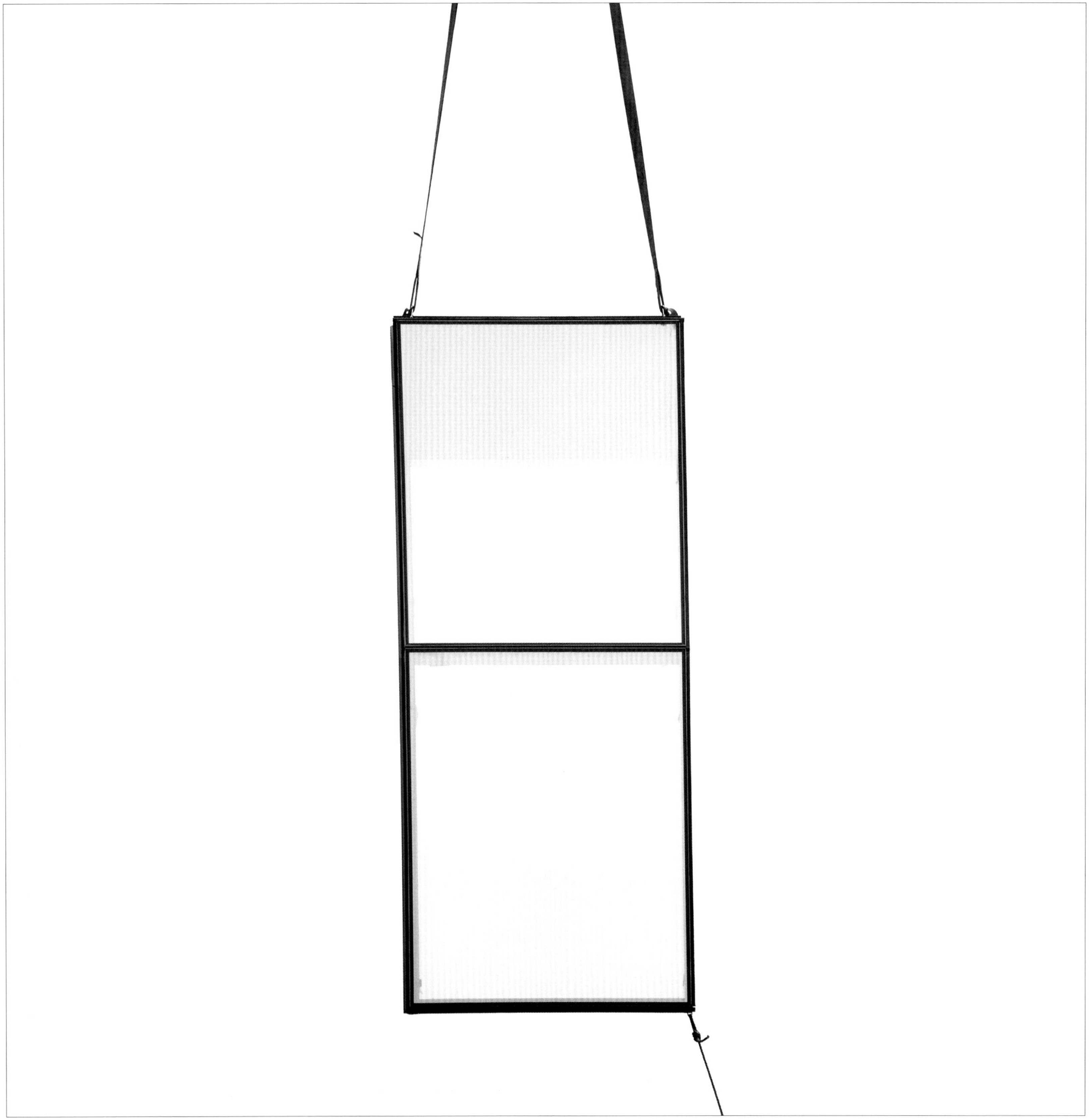

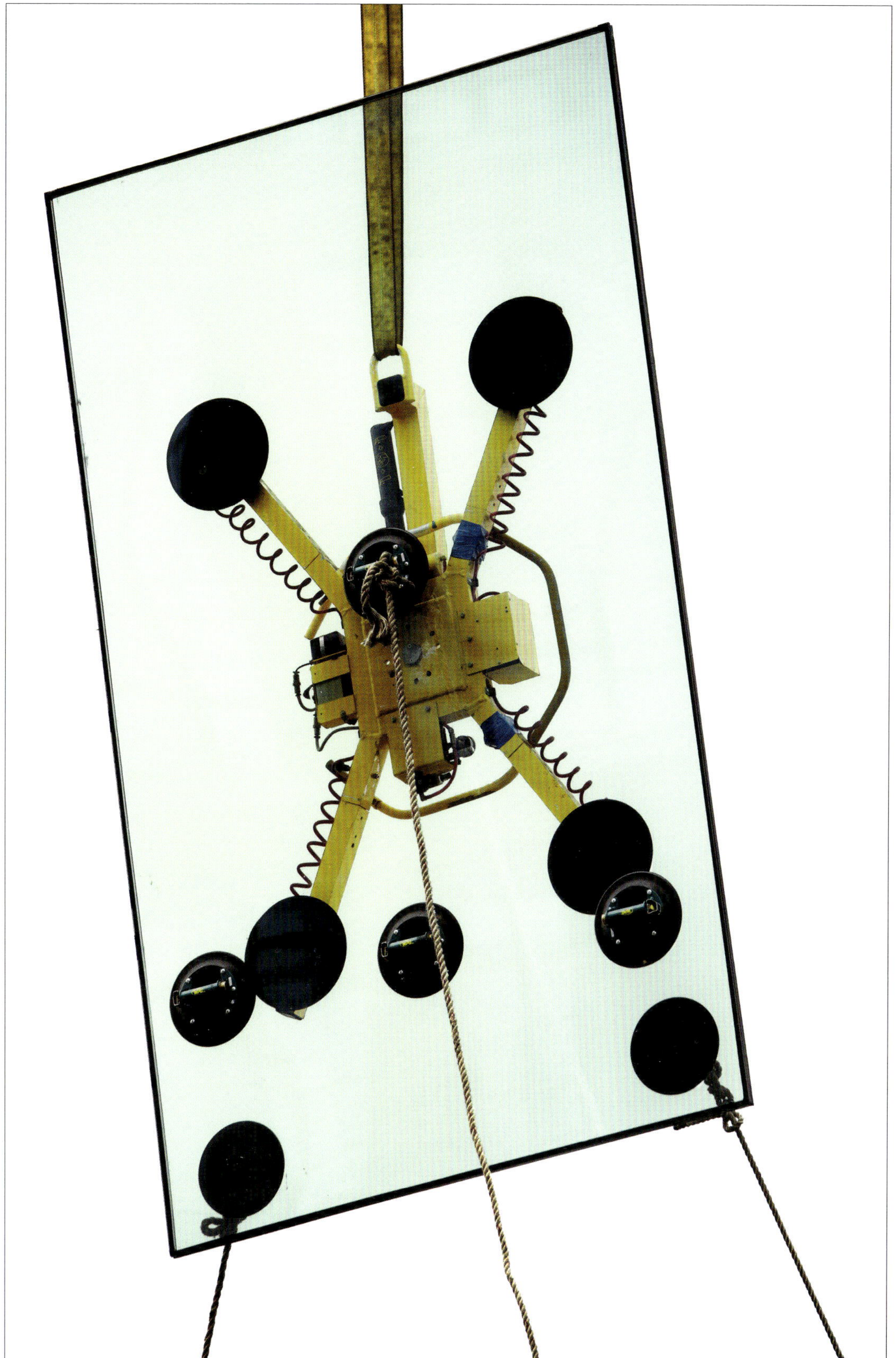

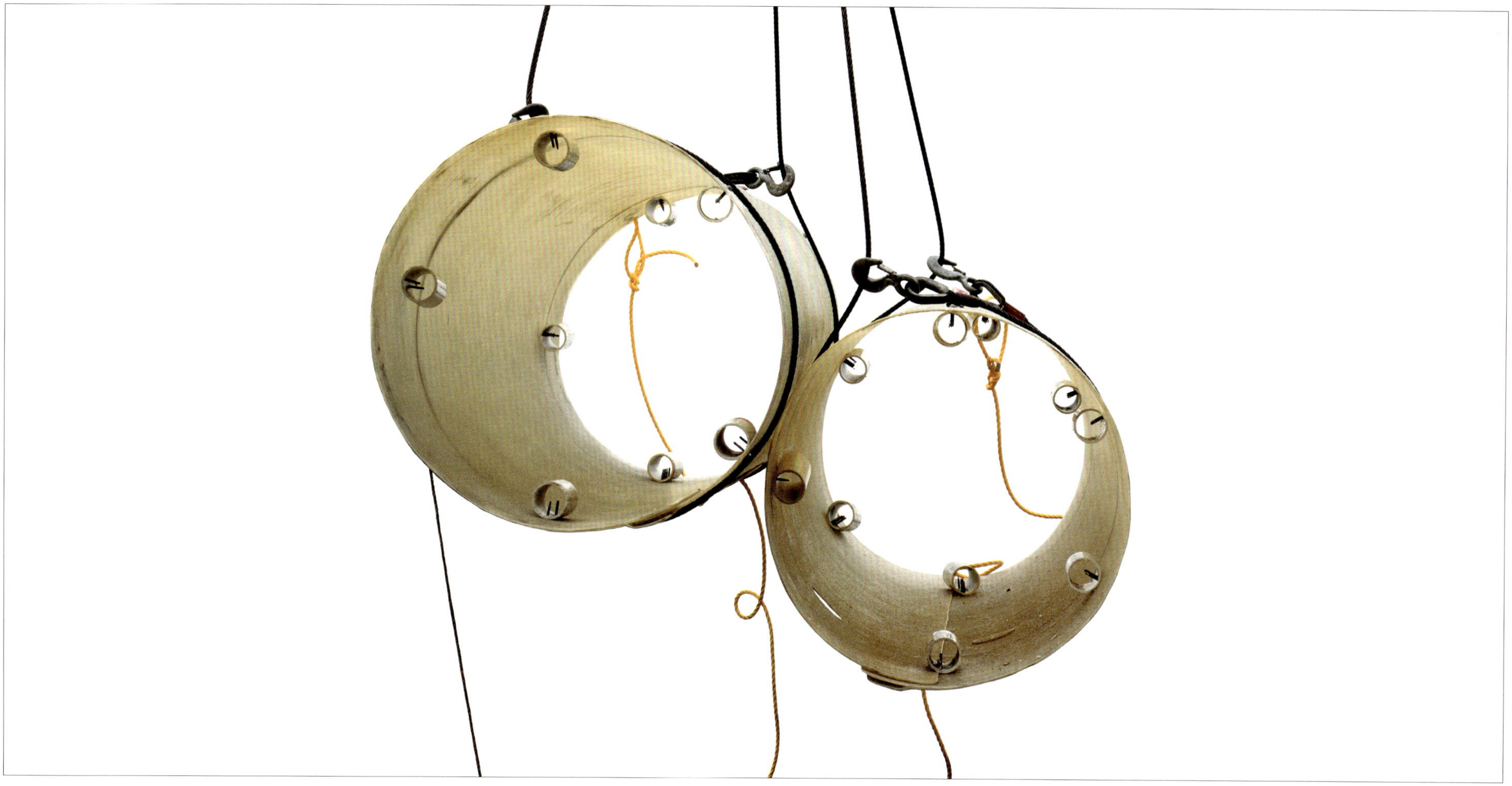

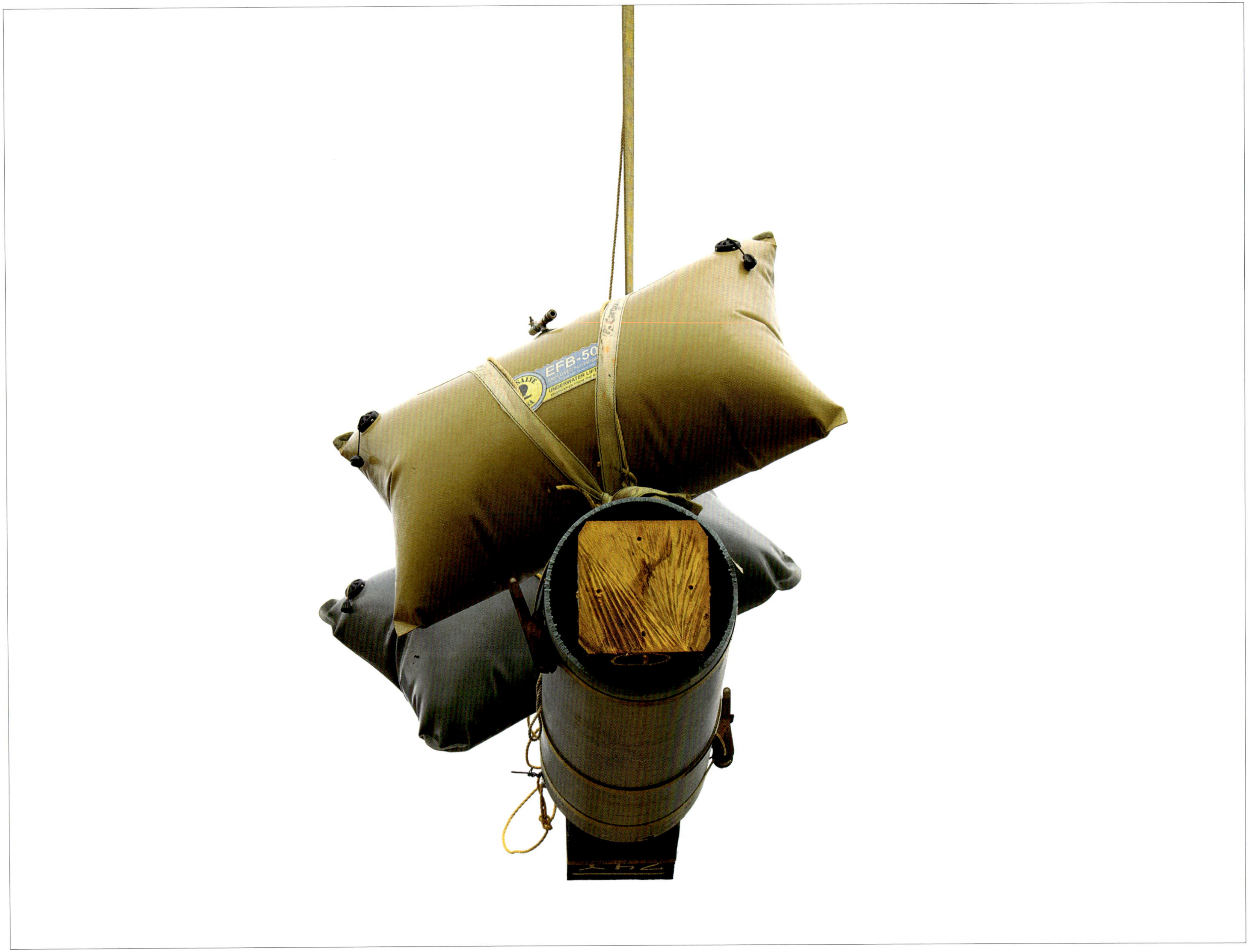

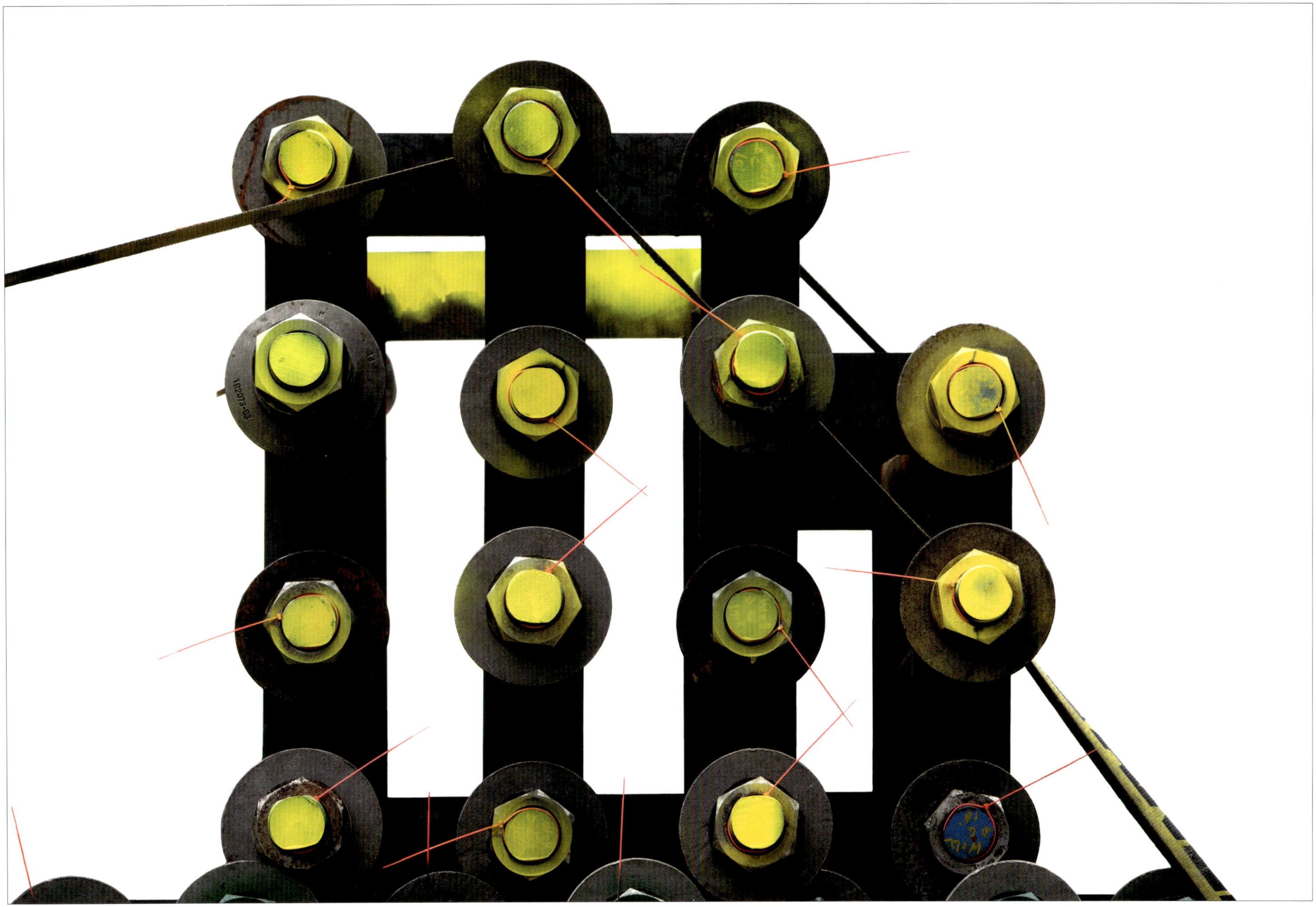

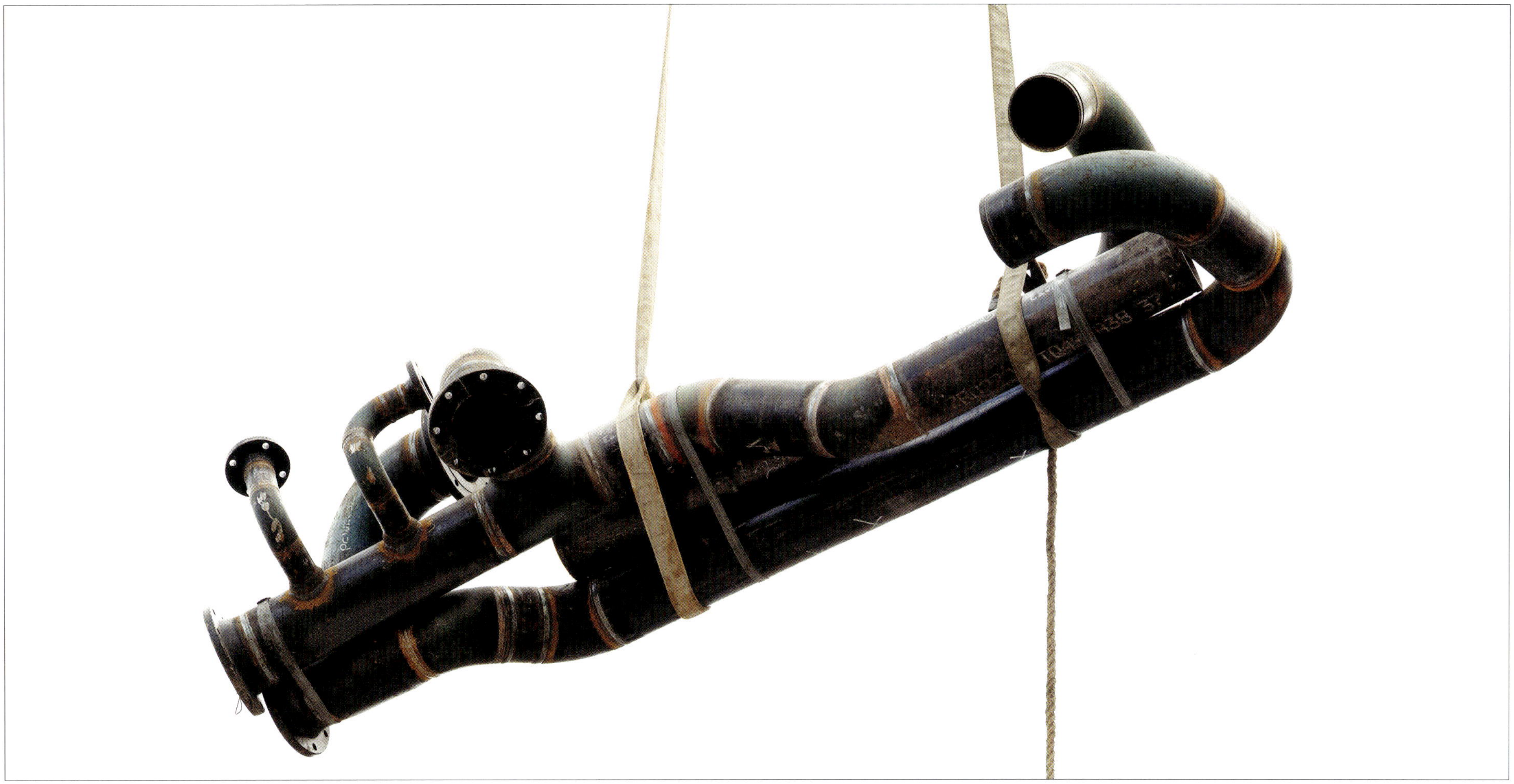

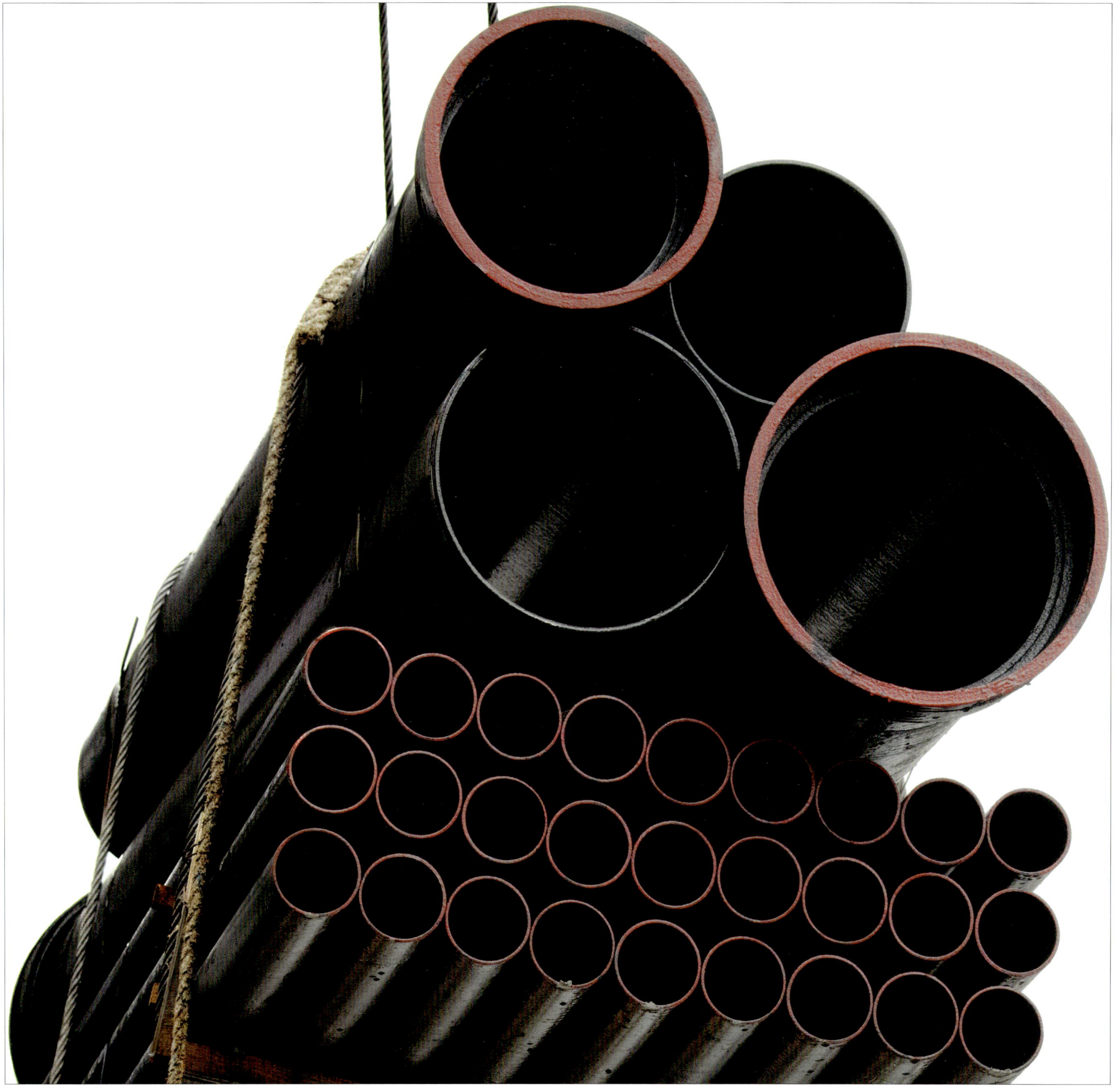

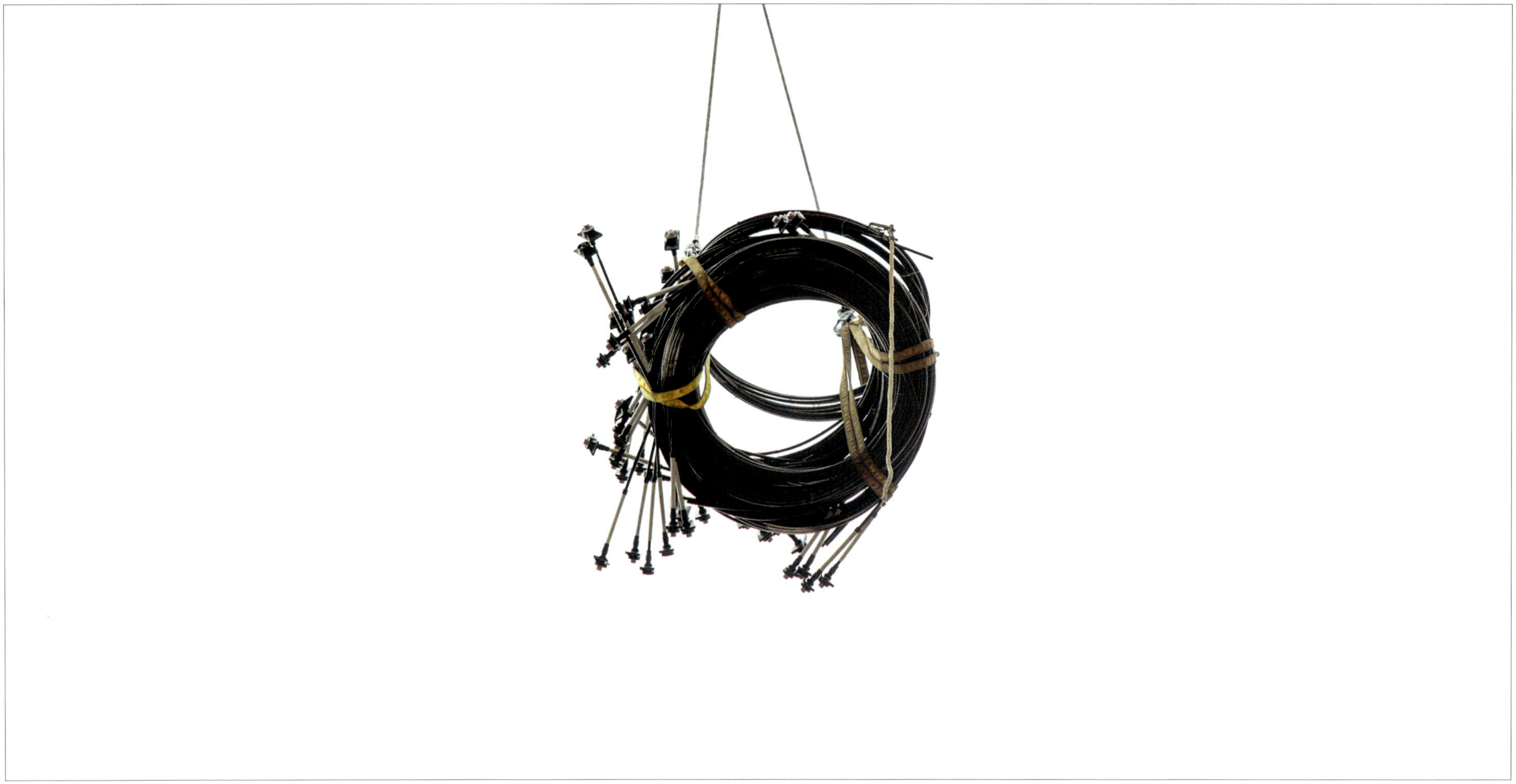

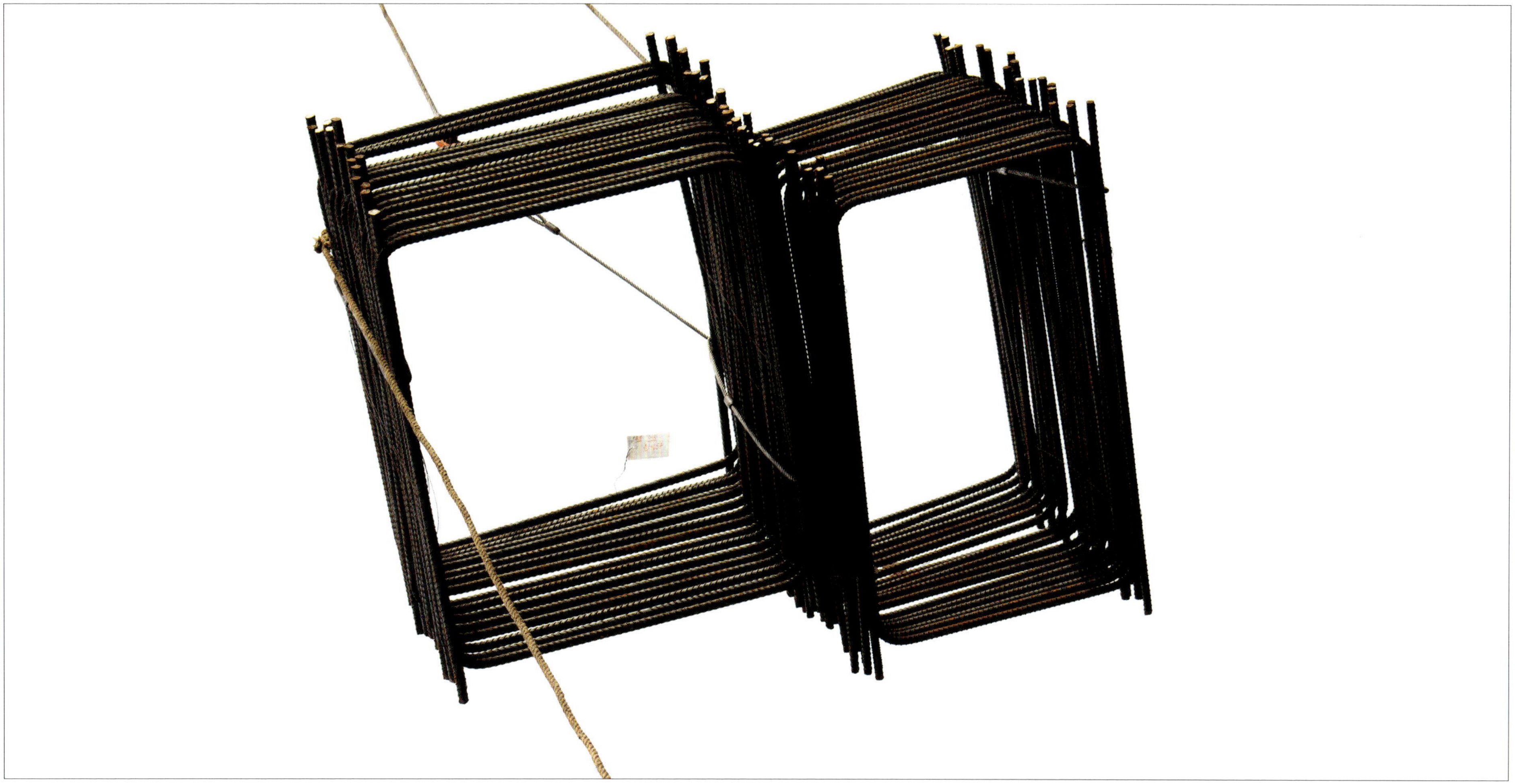

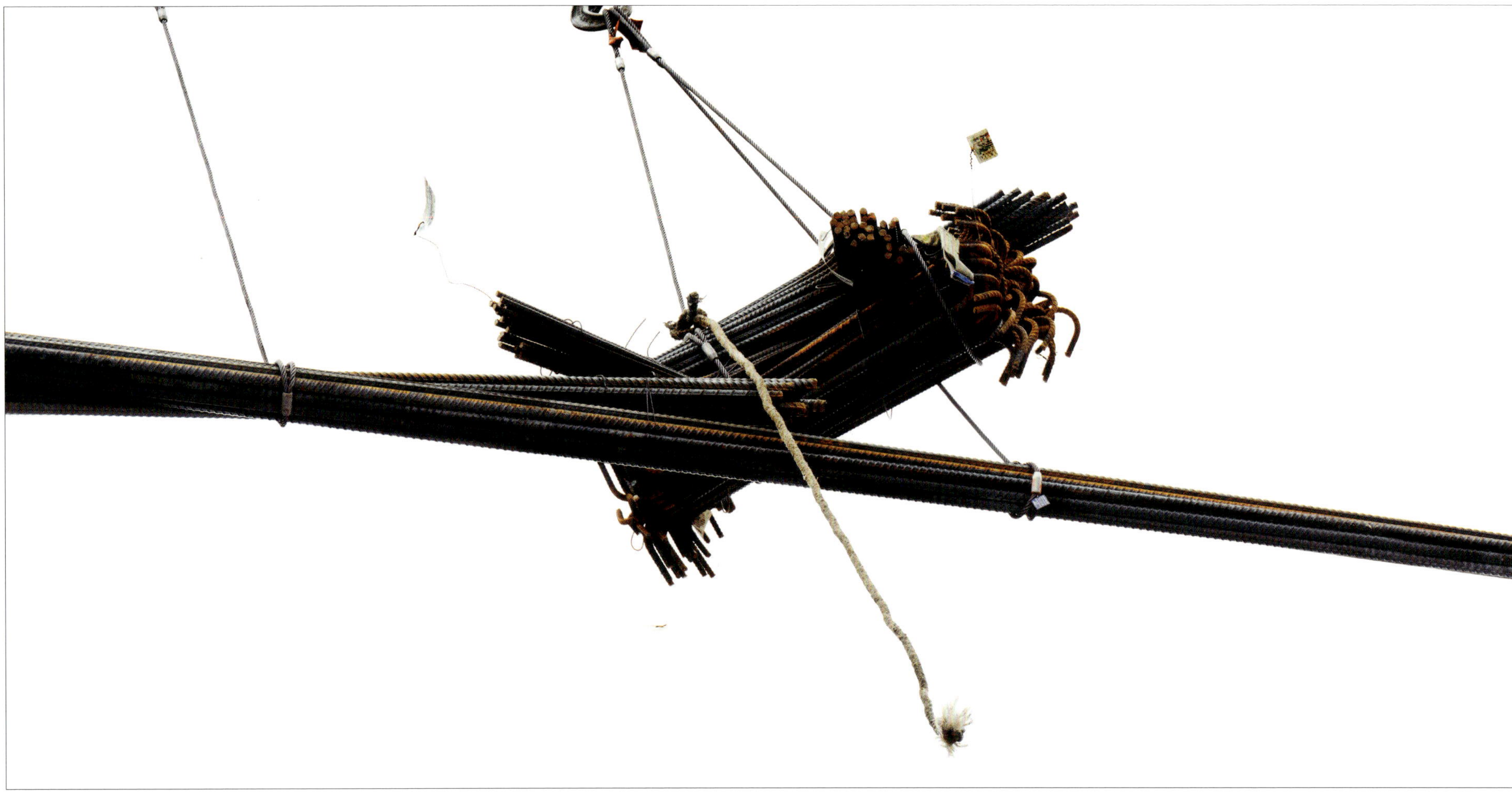

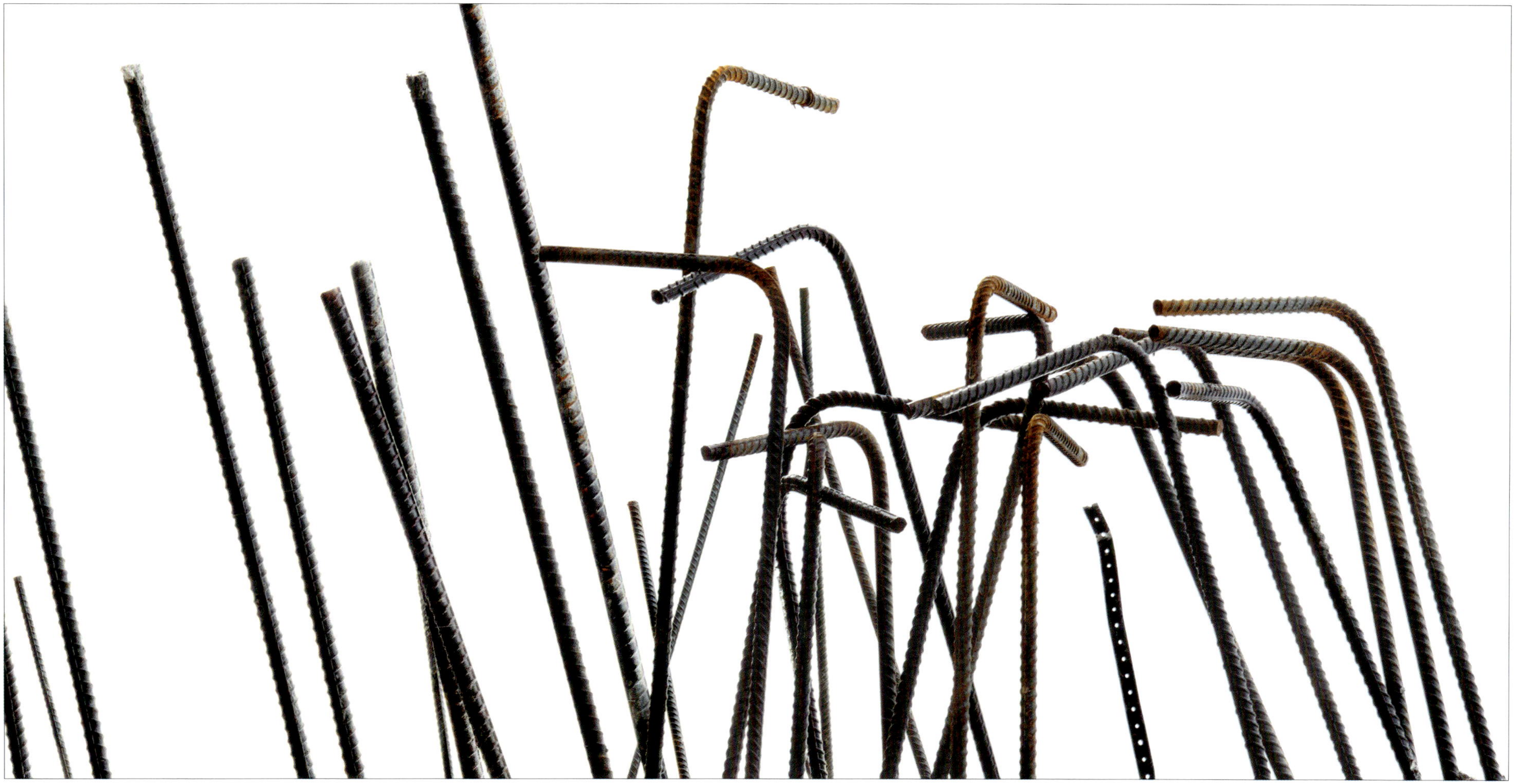

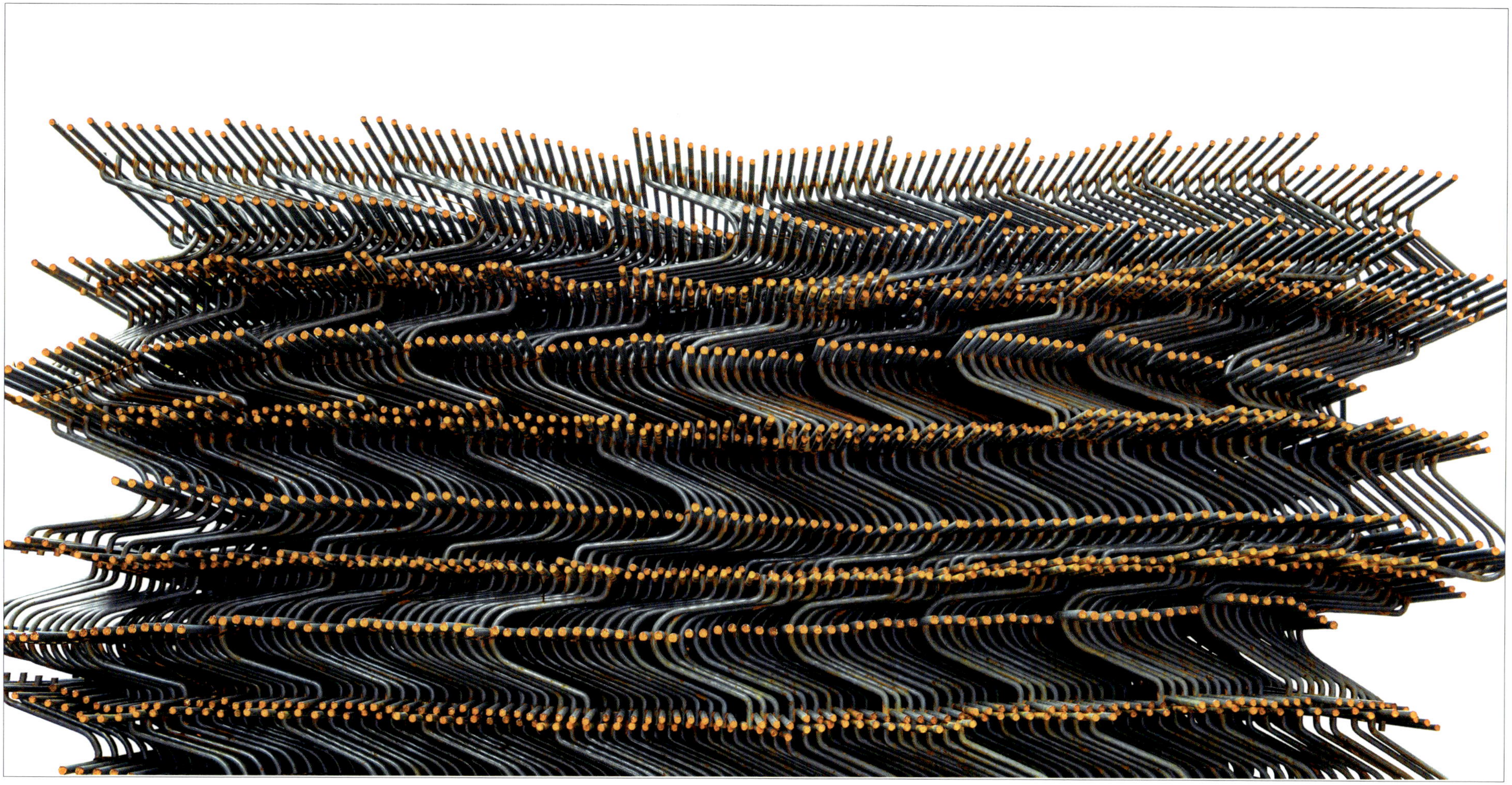

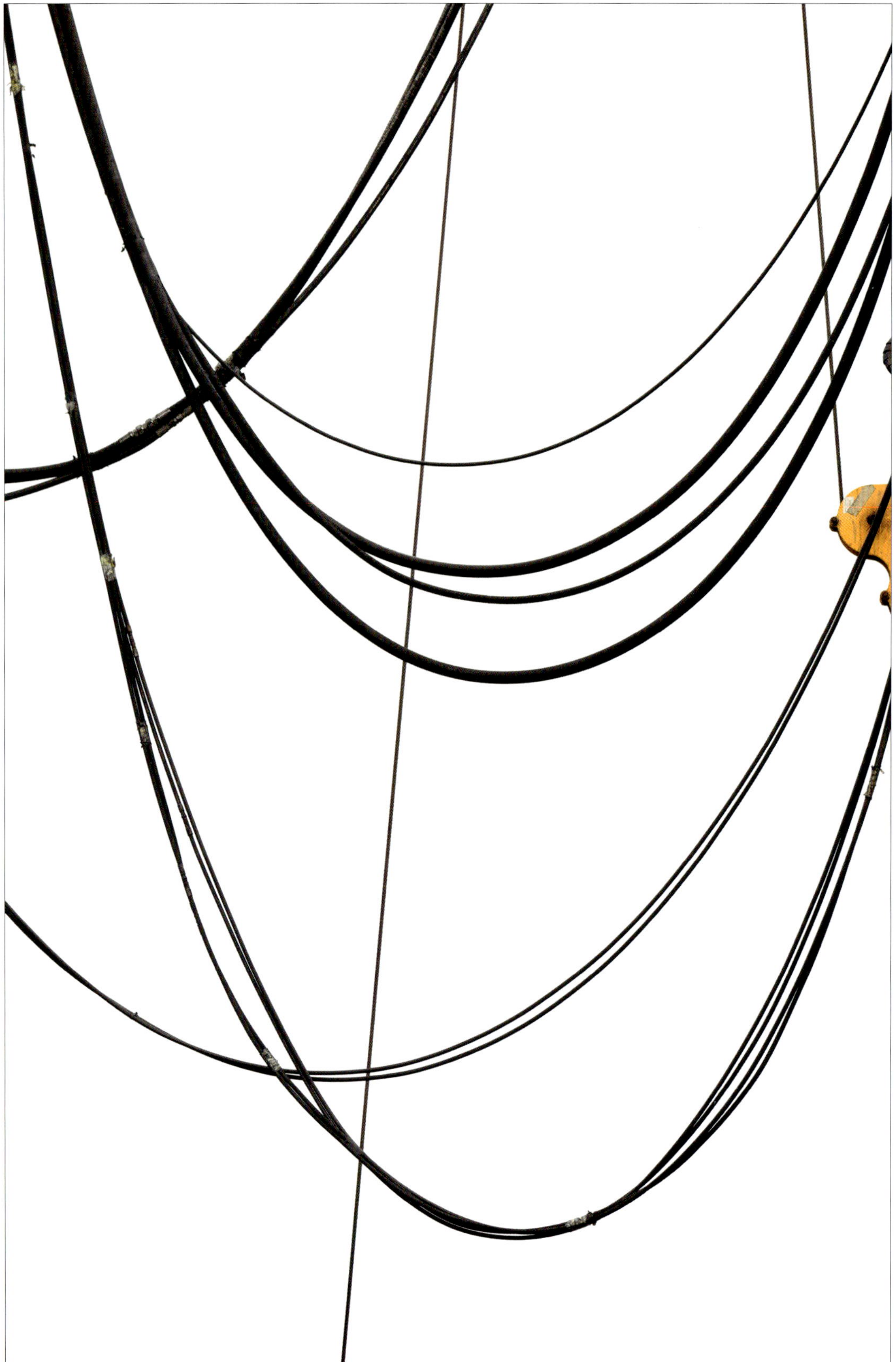

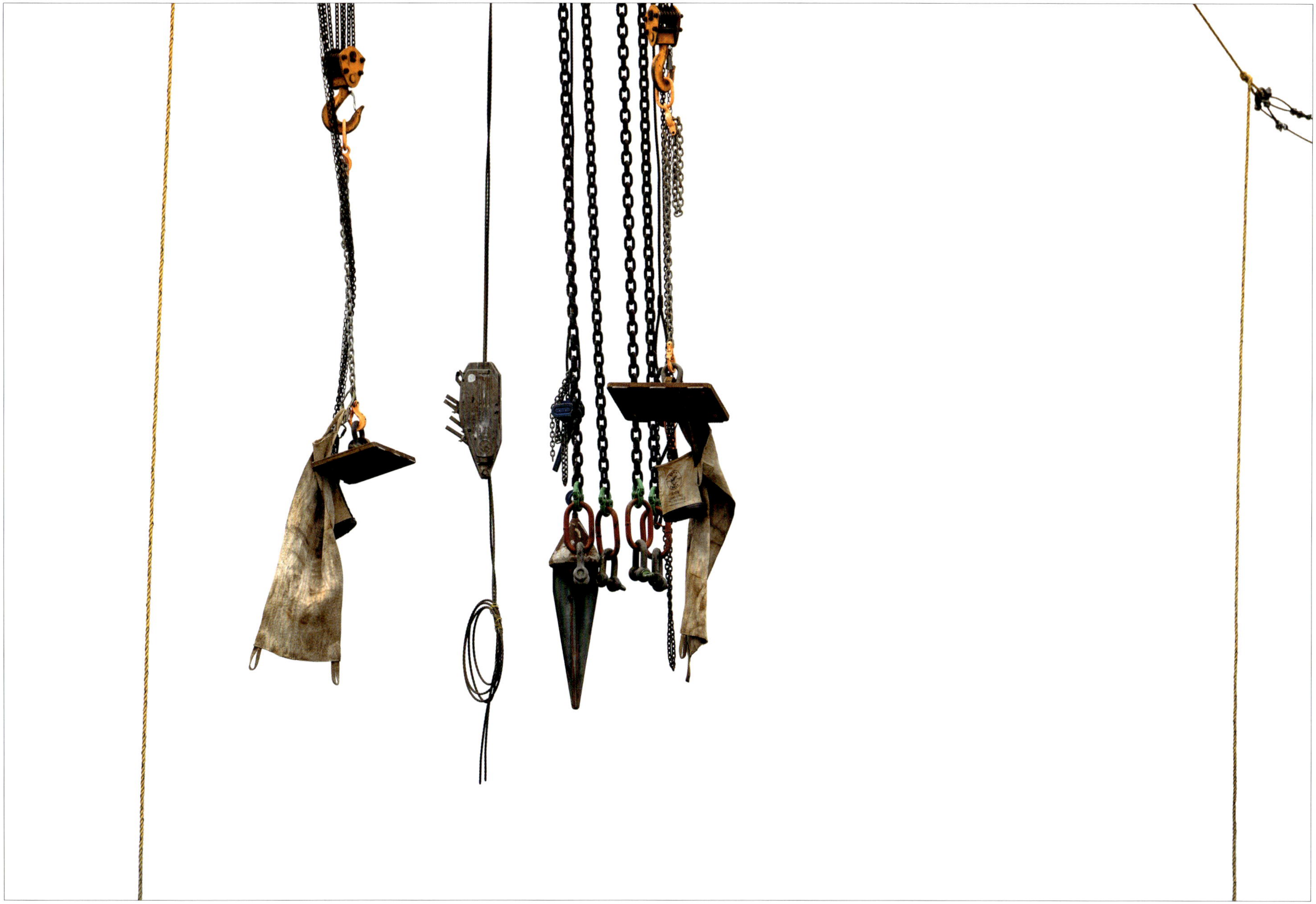

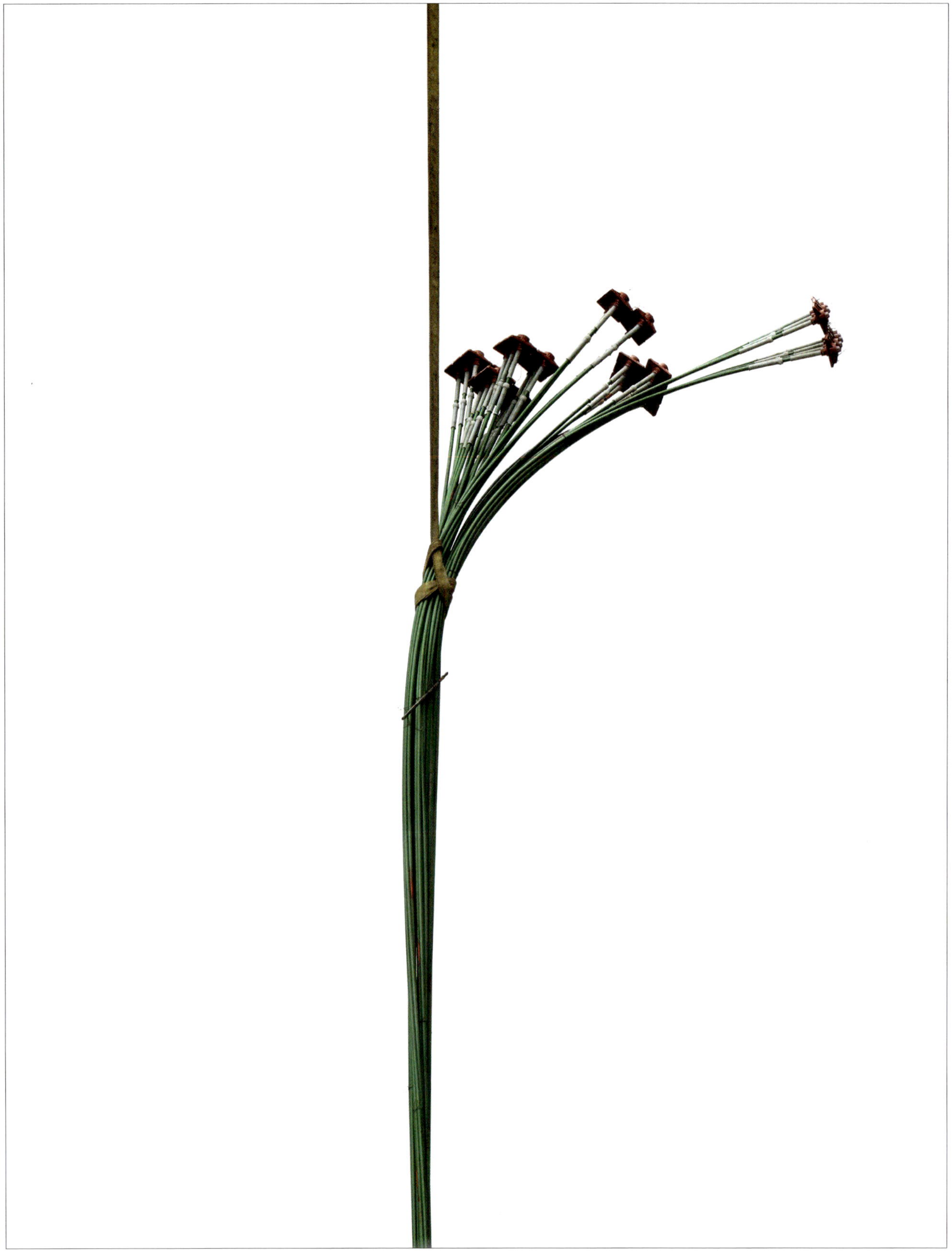

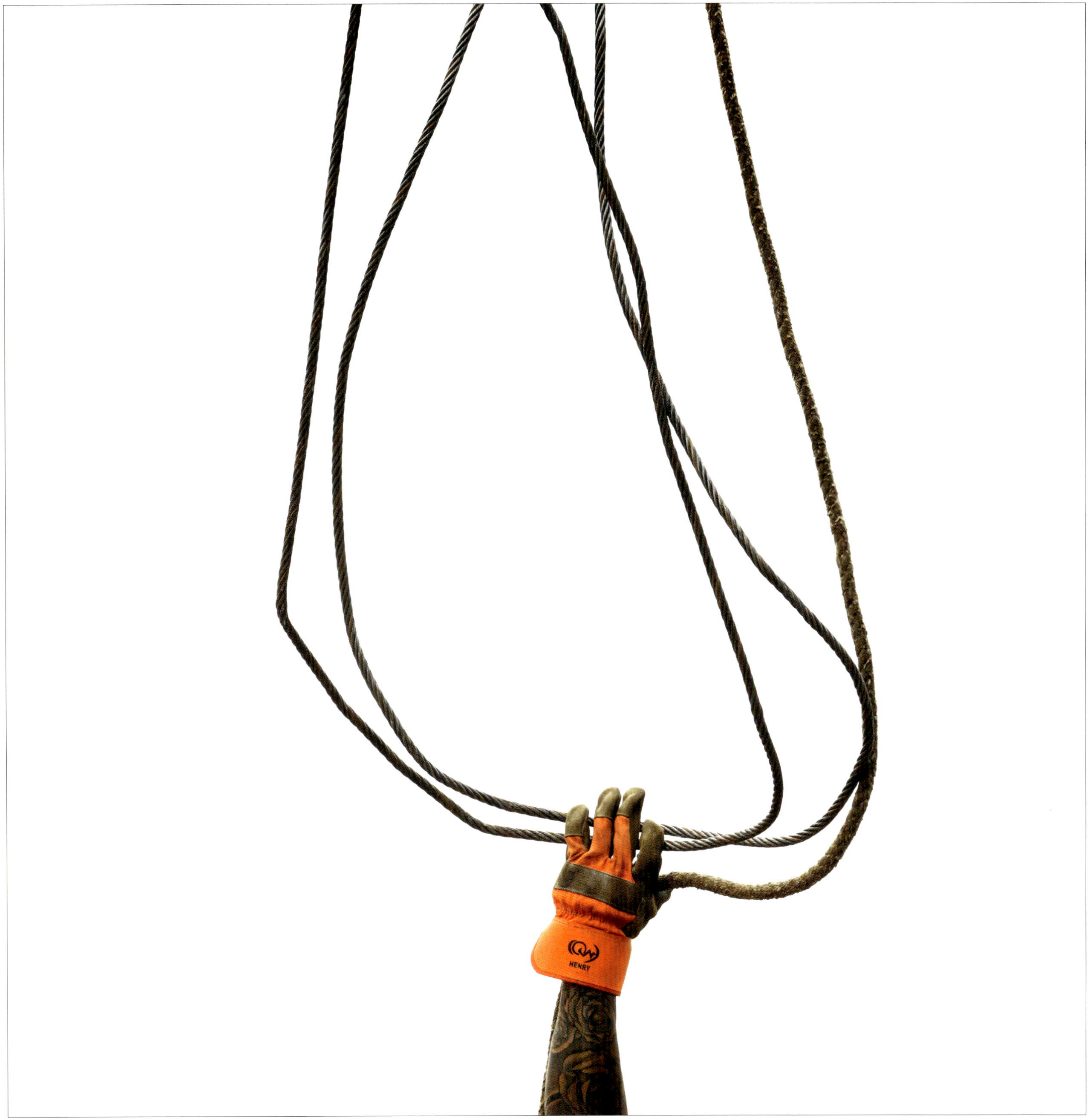
HENRY

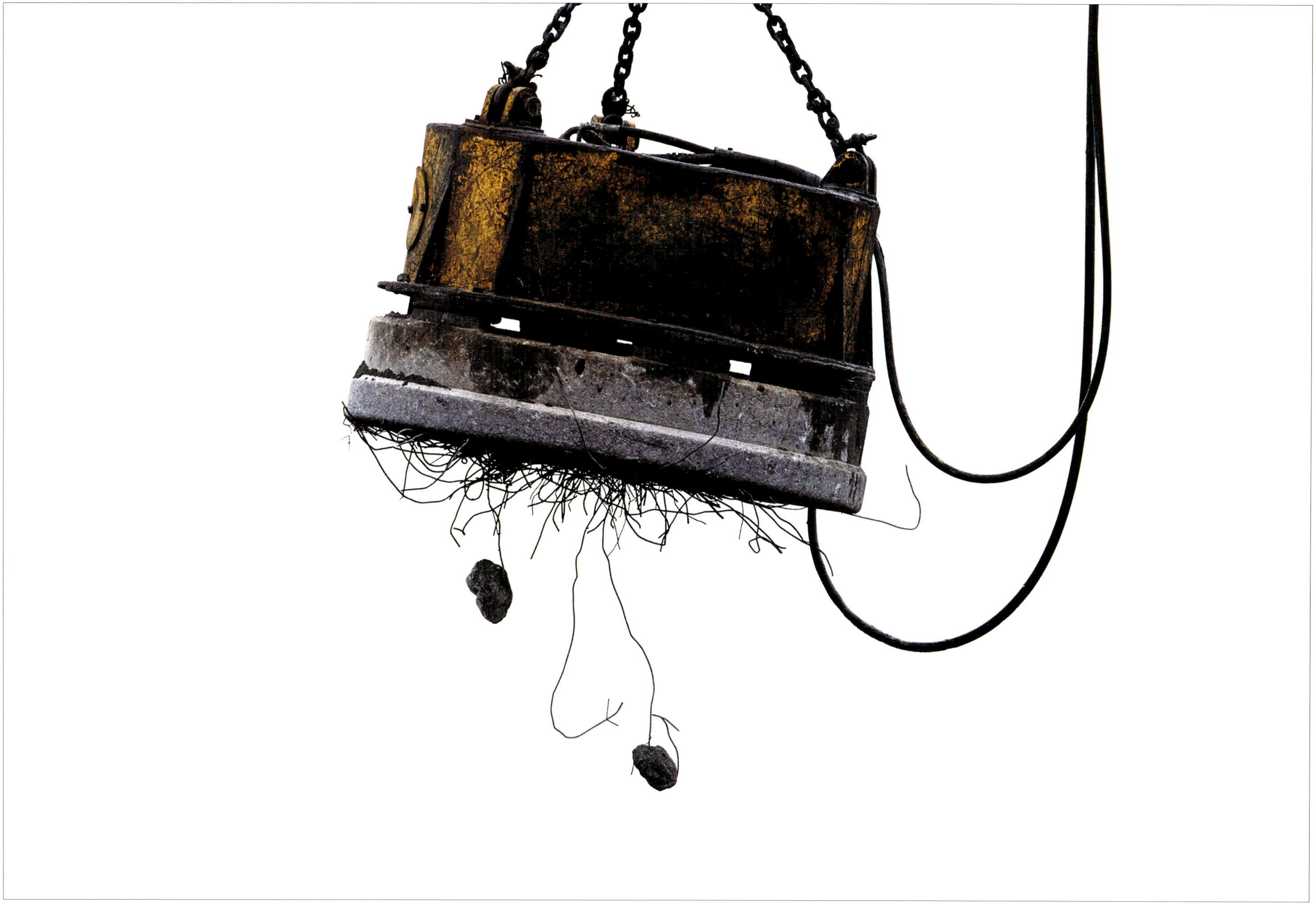

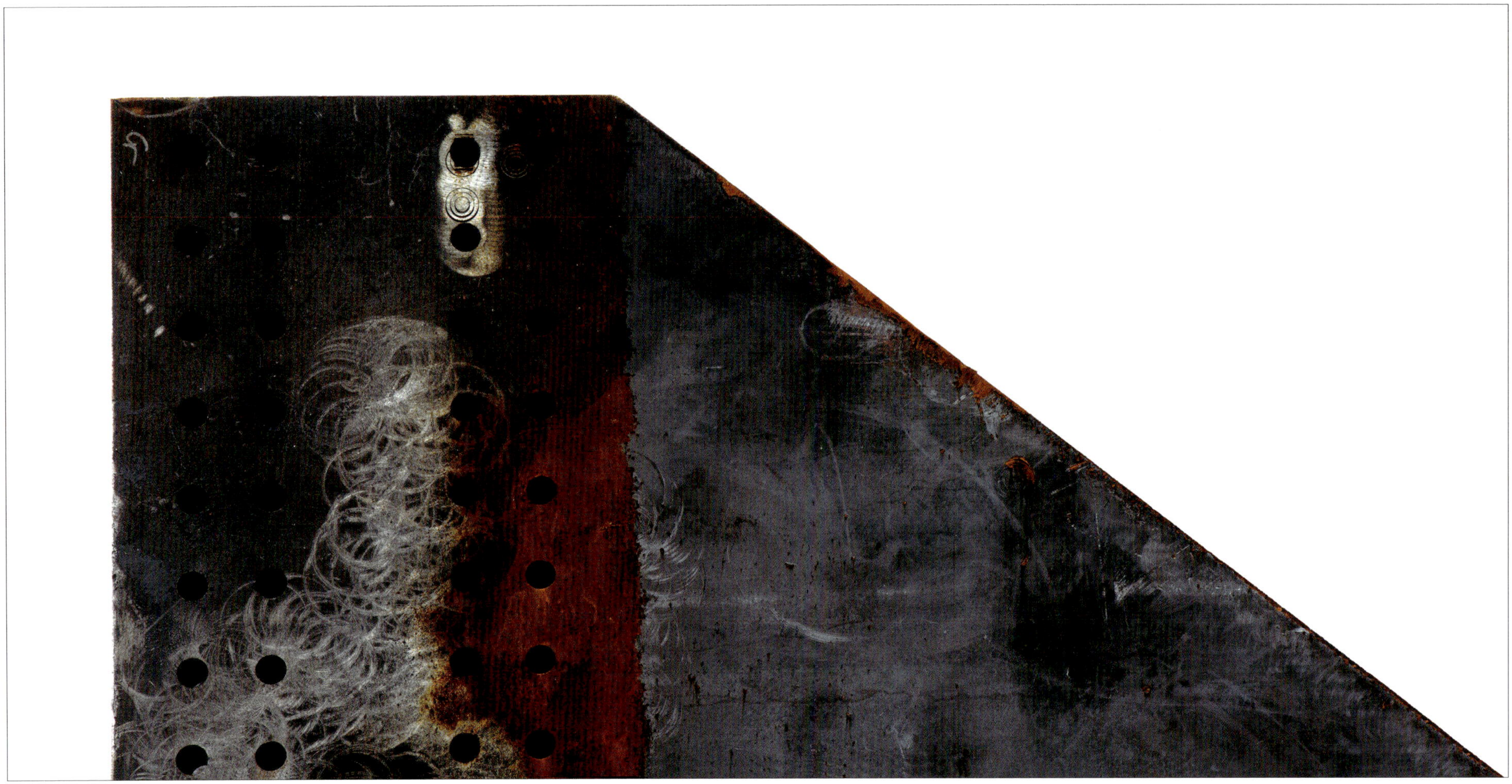

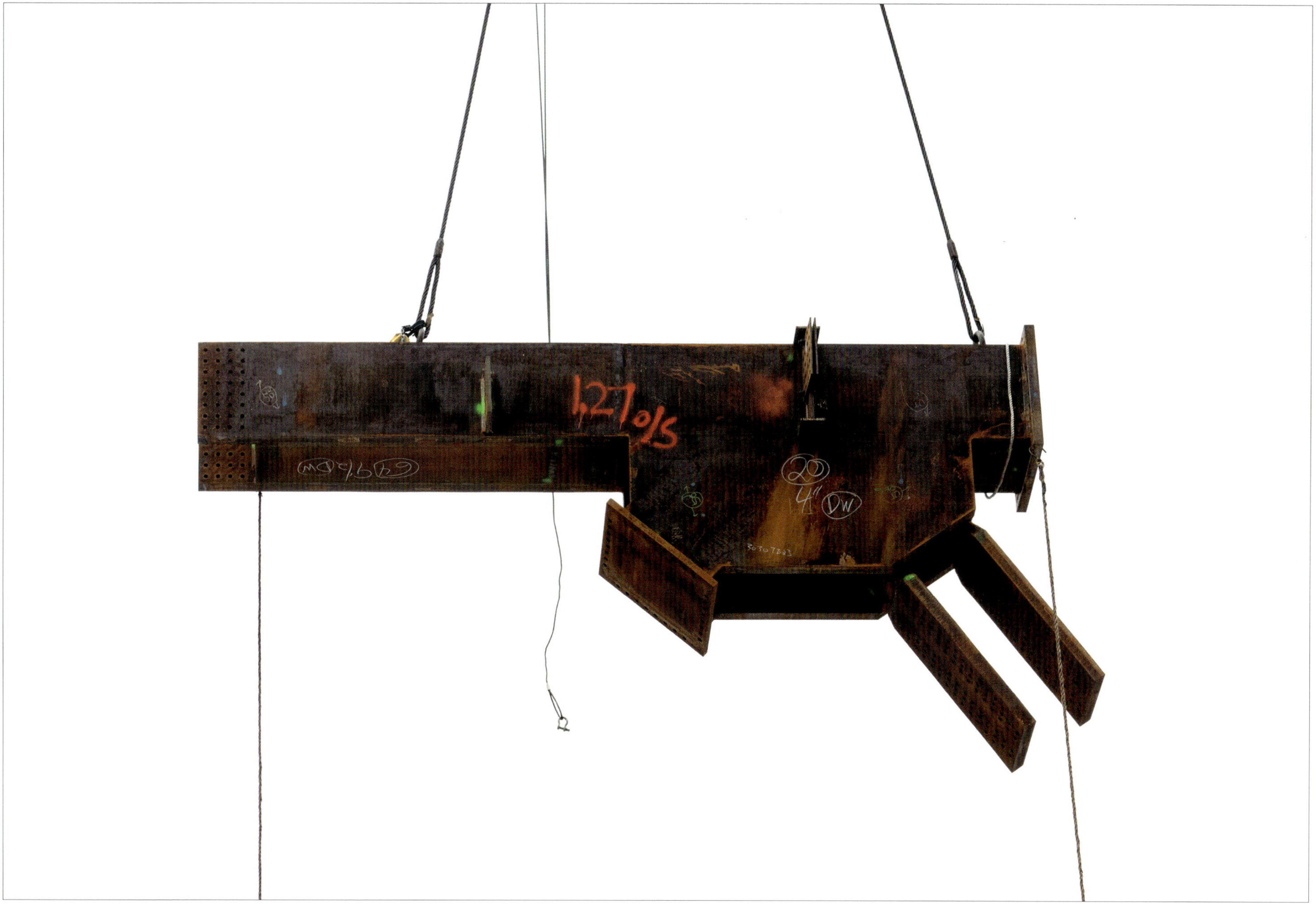
1,27 o/s

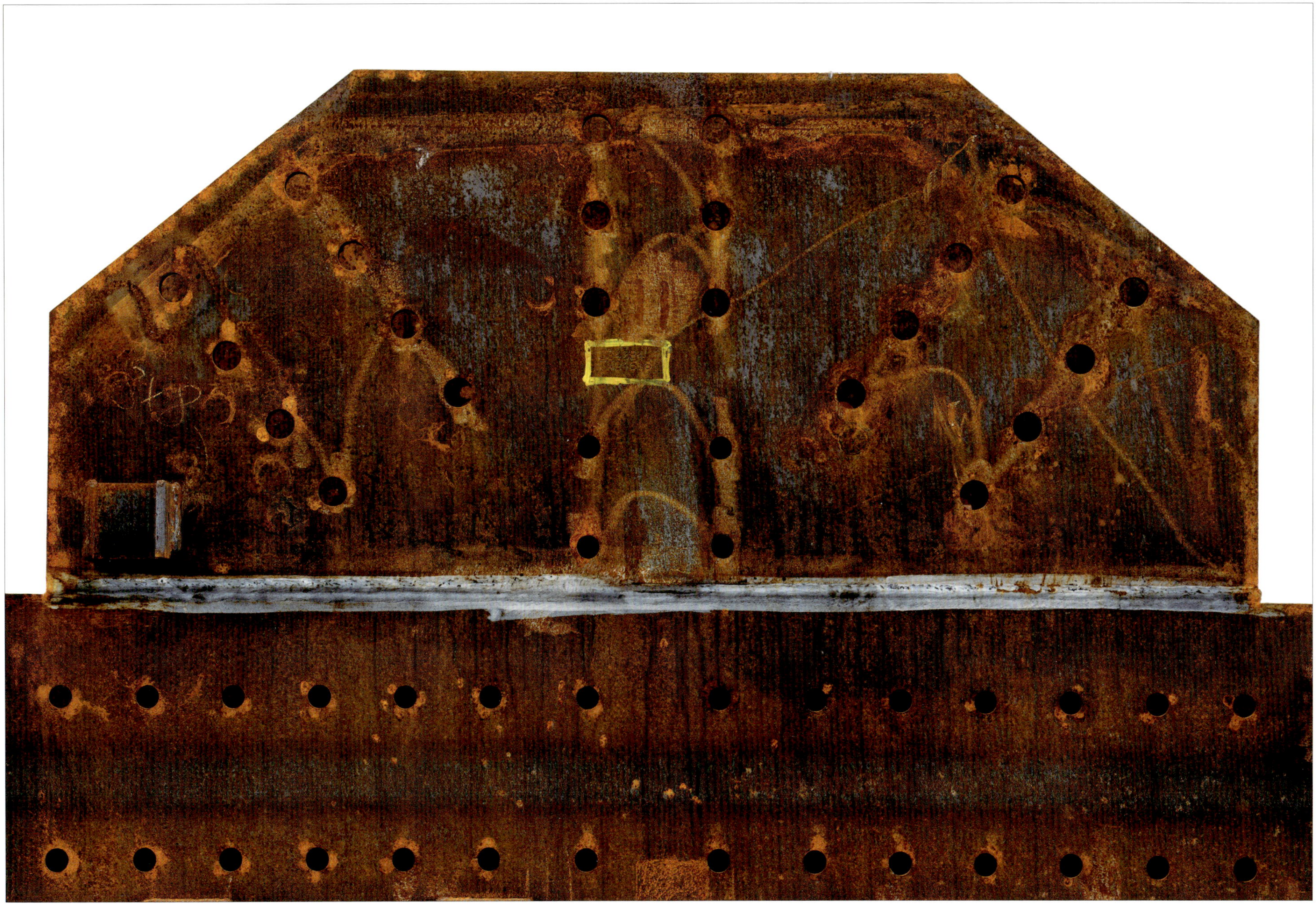

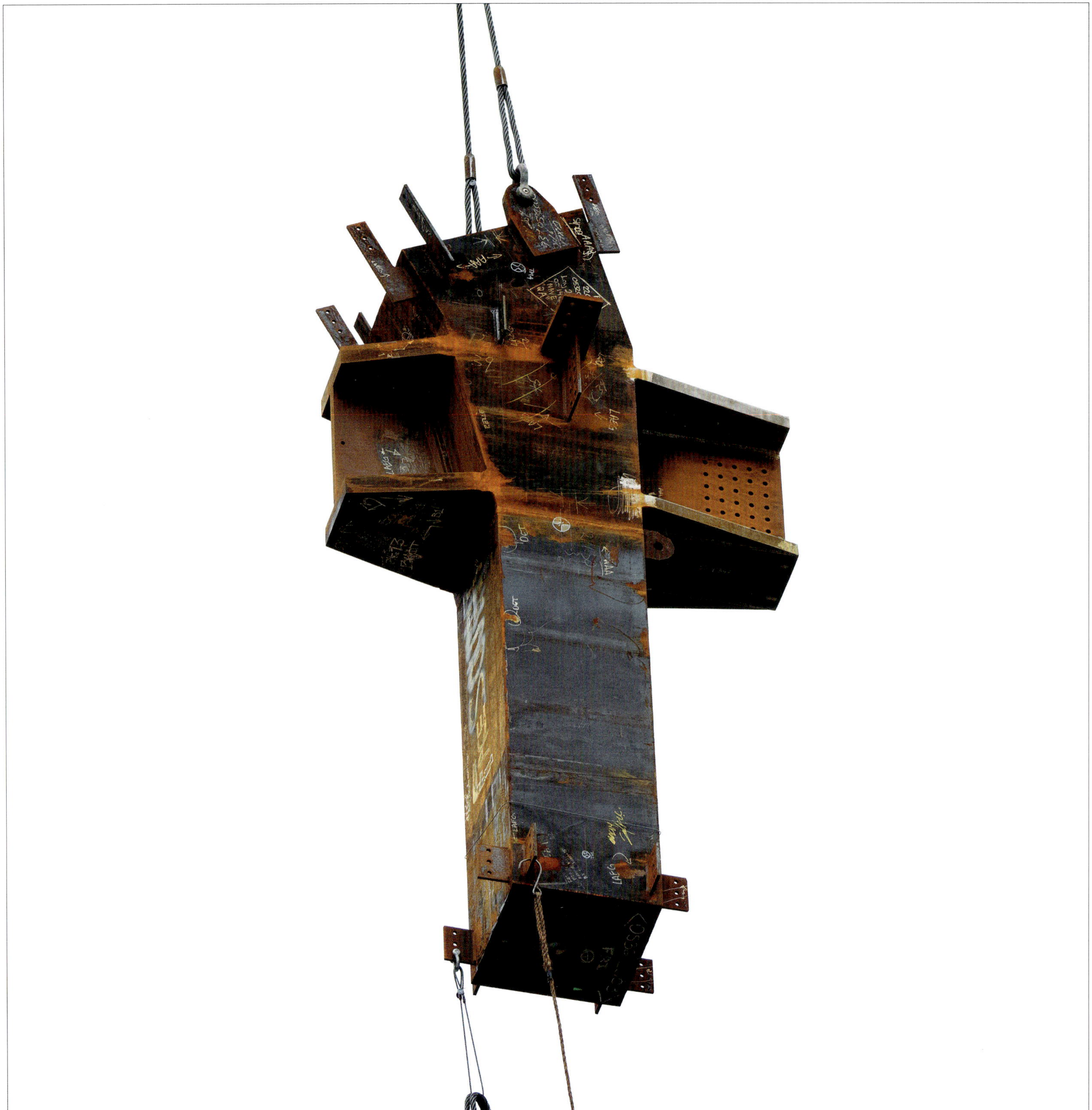

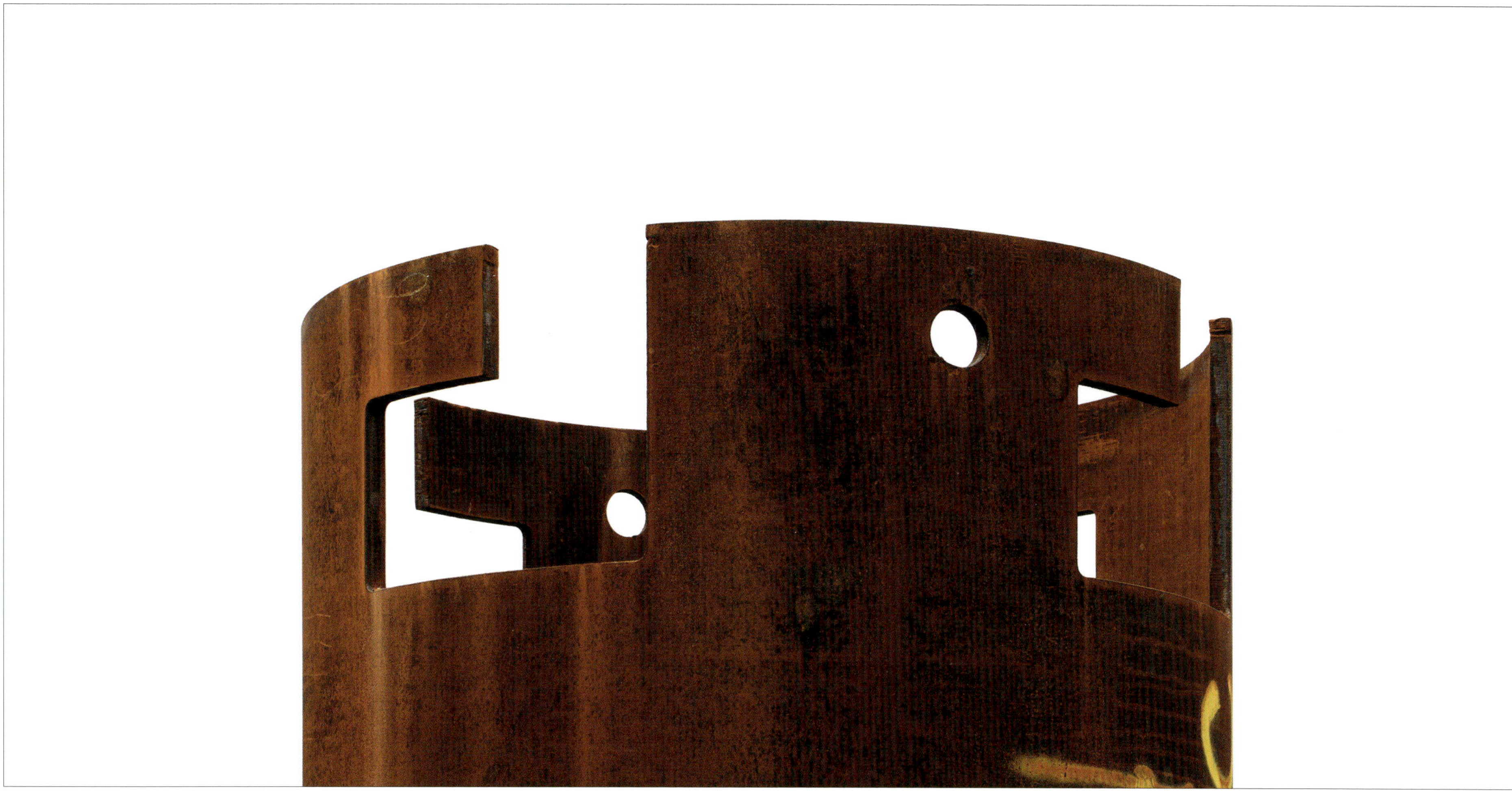

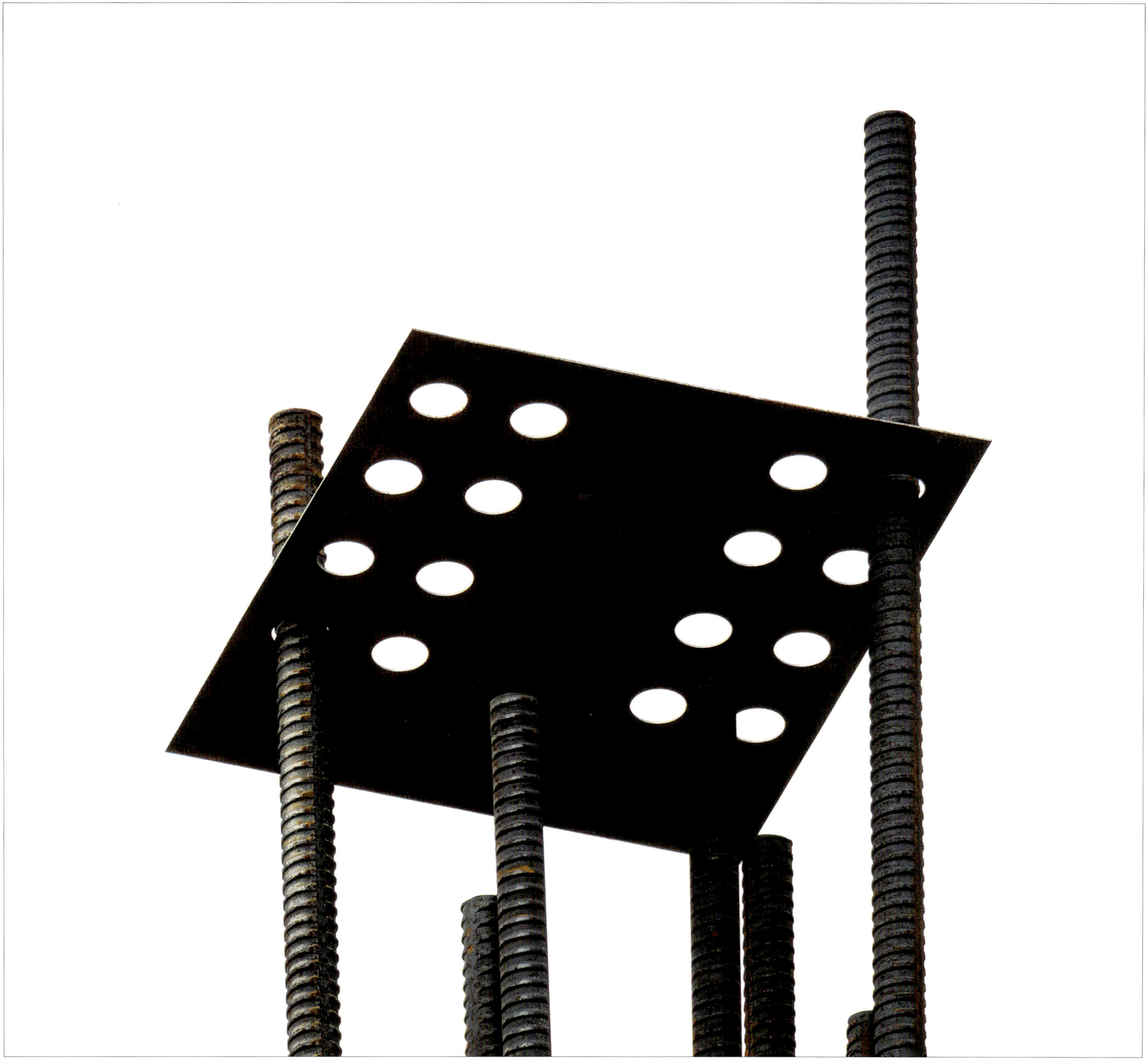

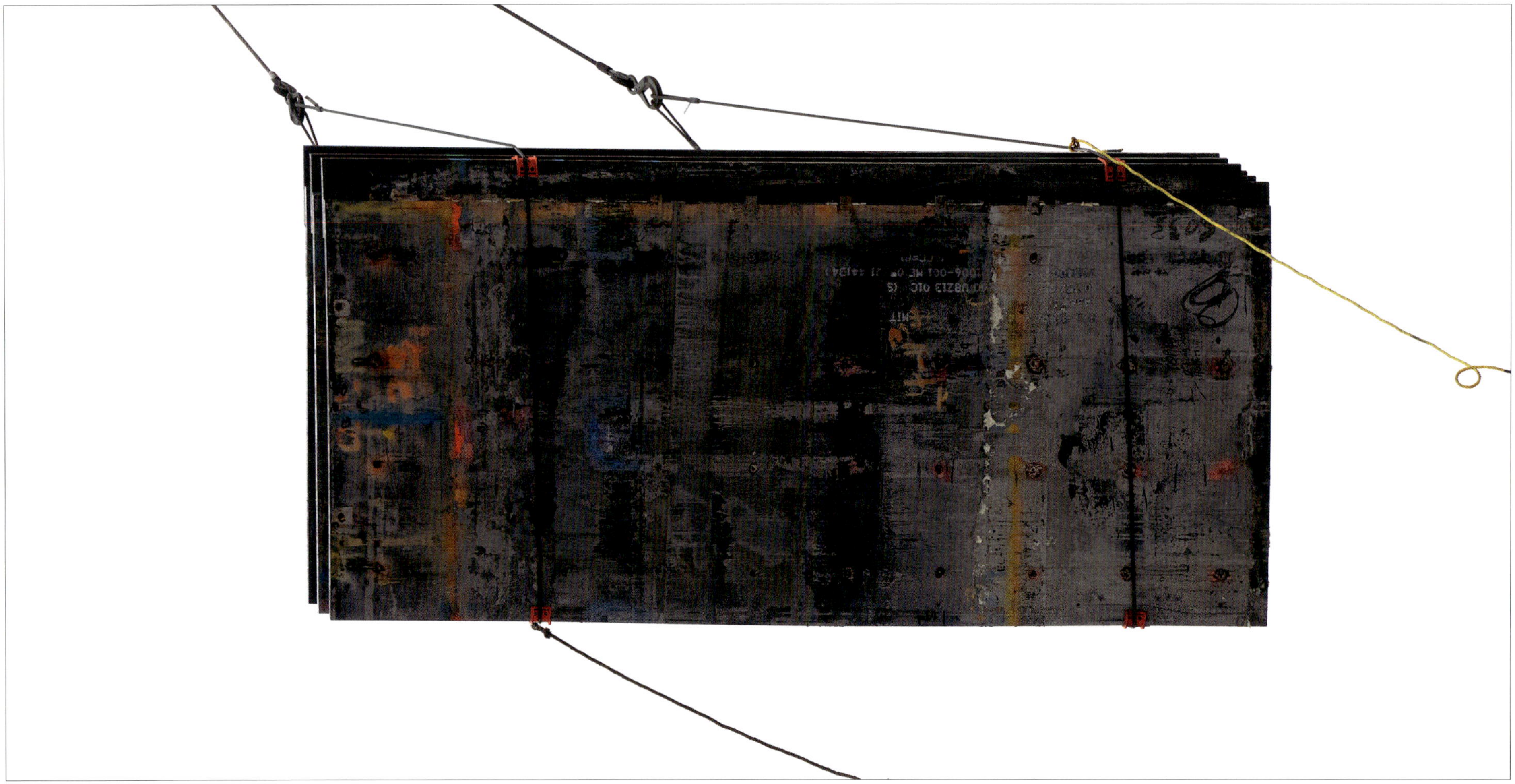

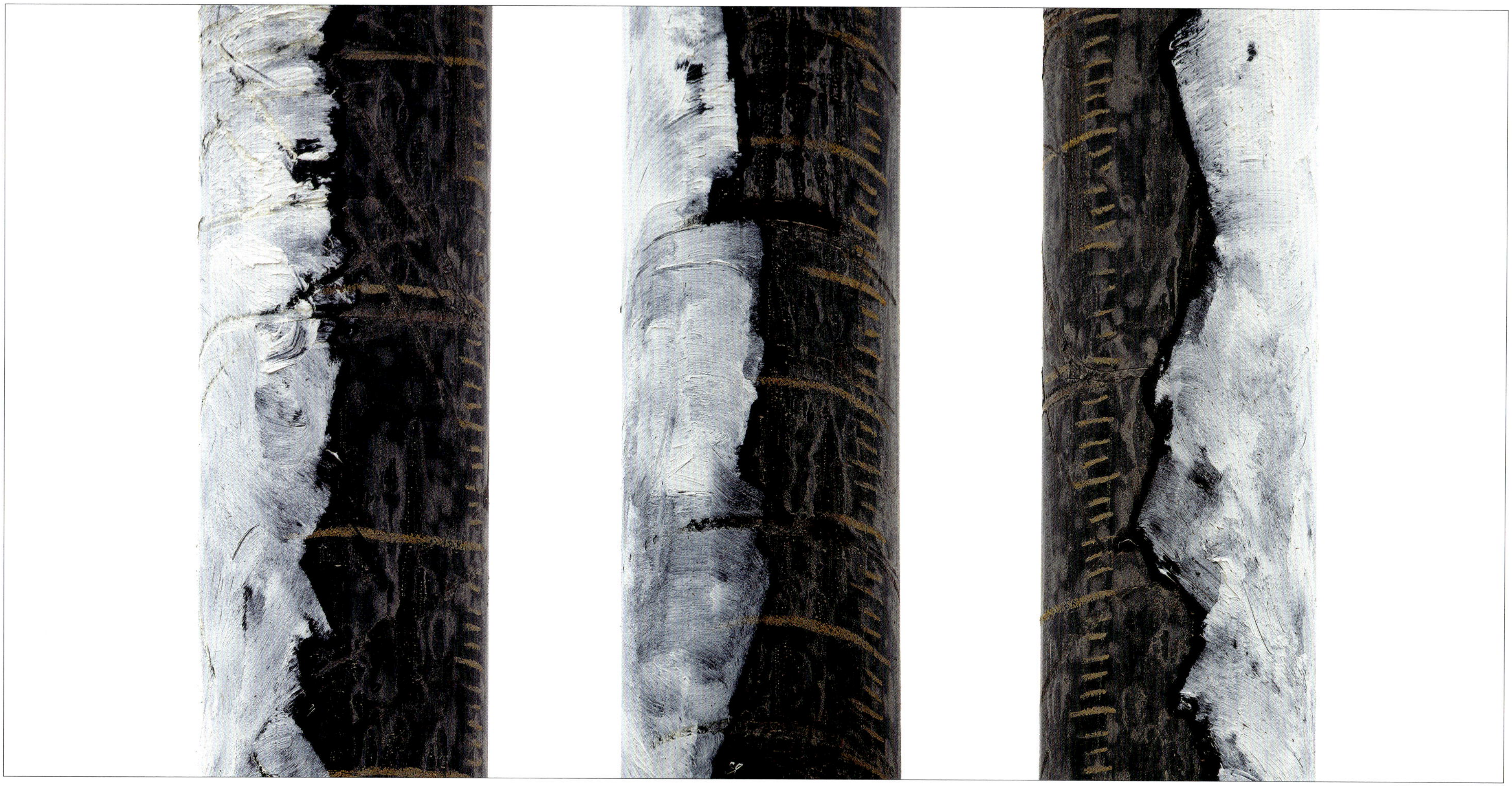

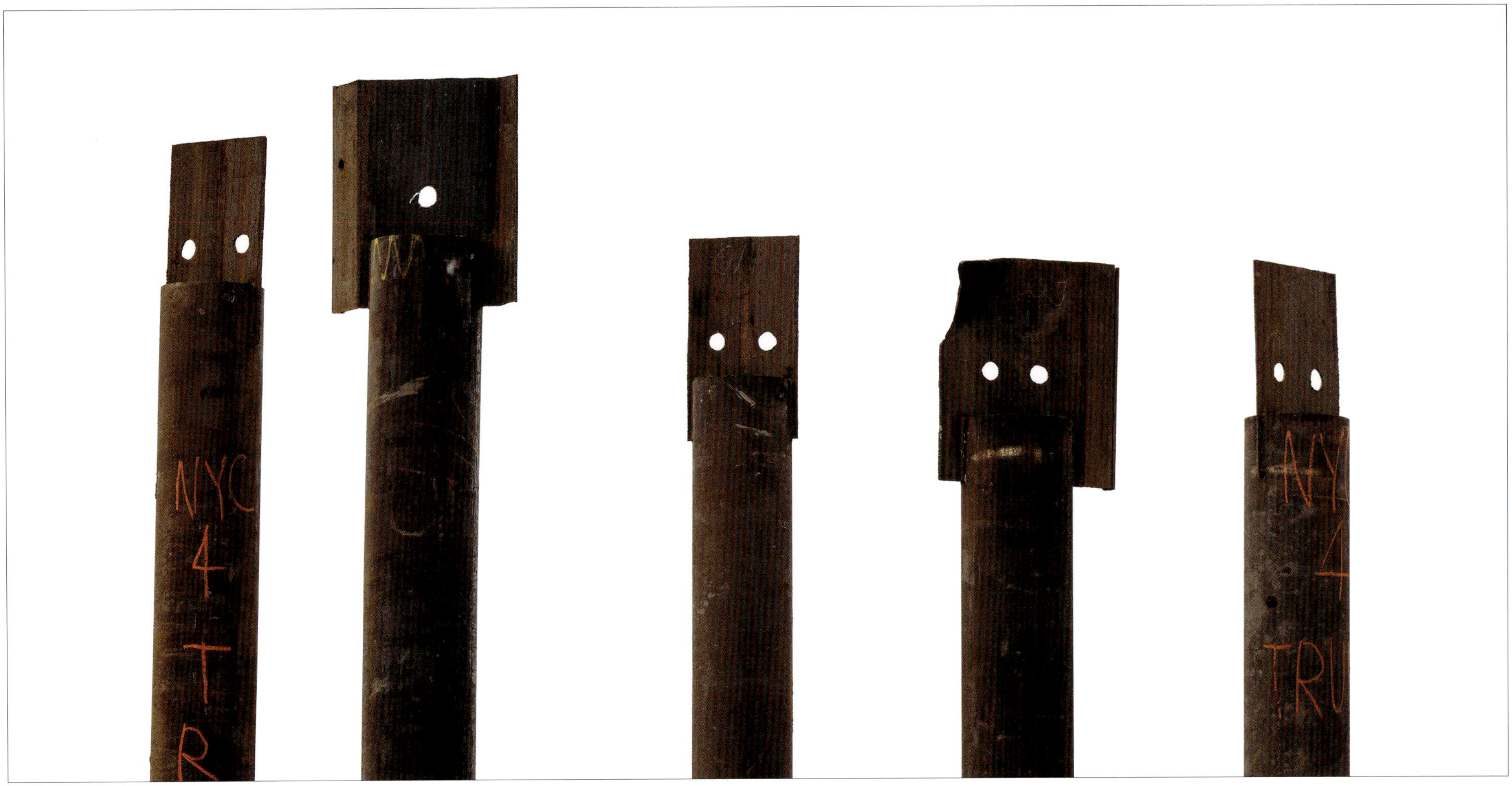
NYC
4

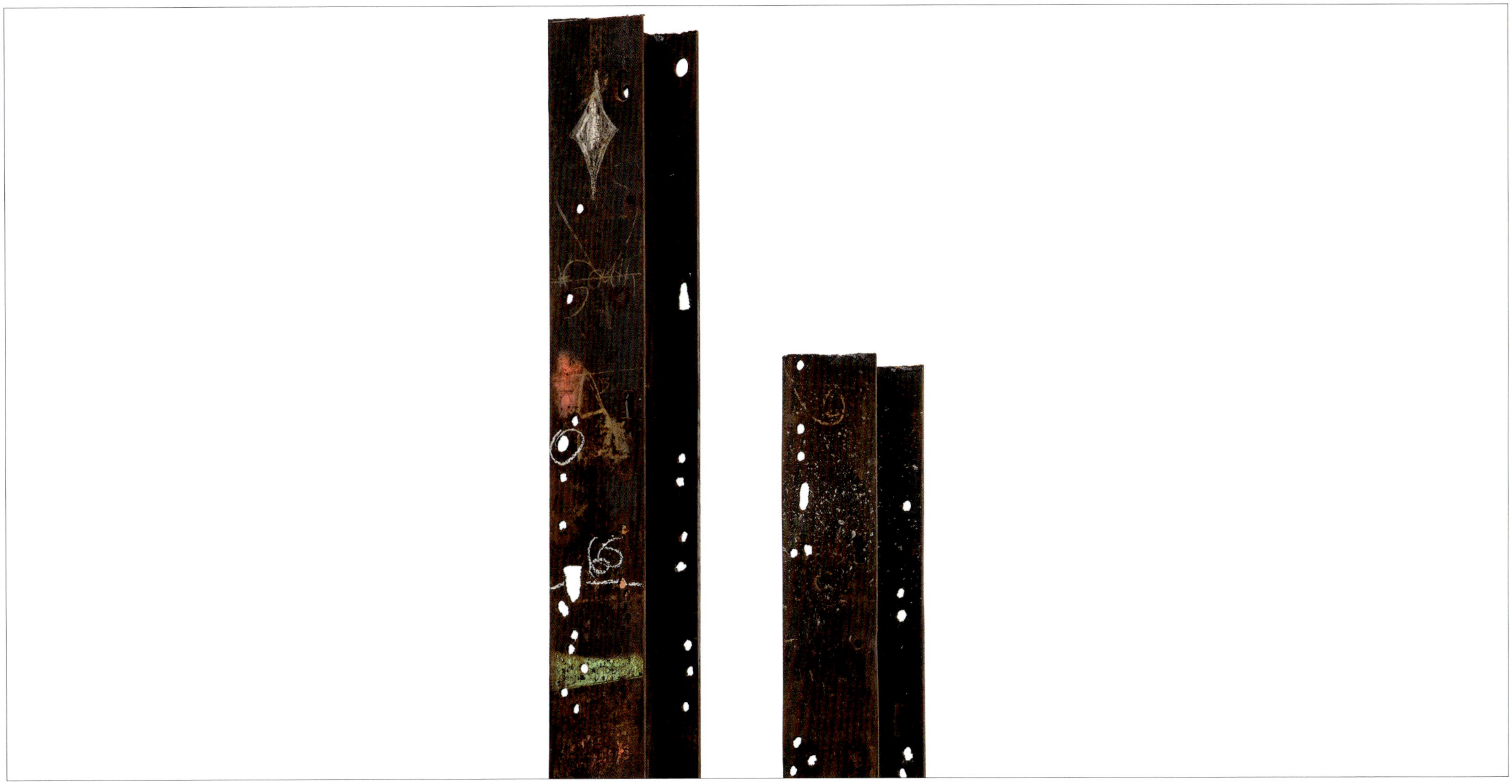

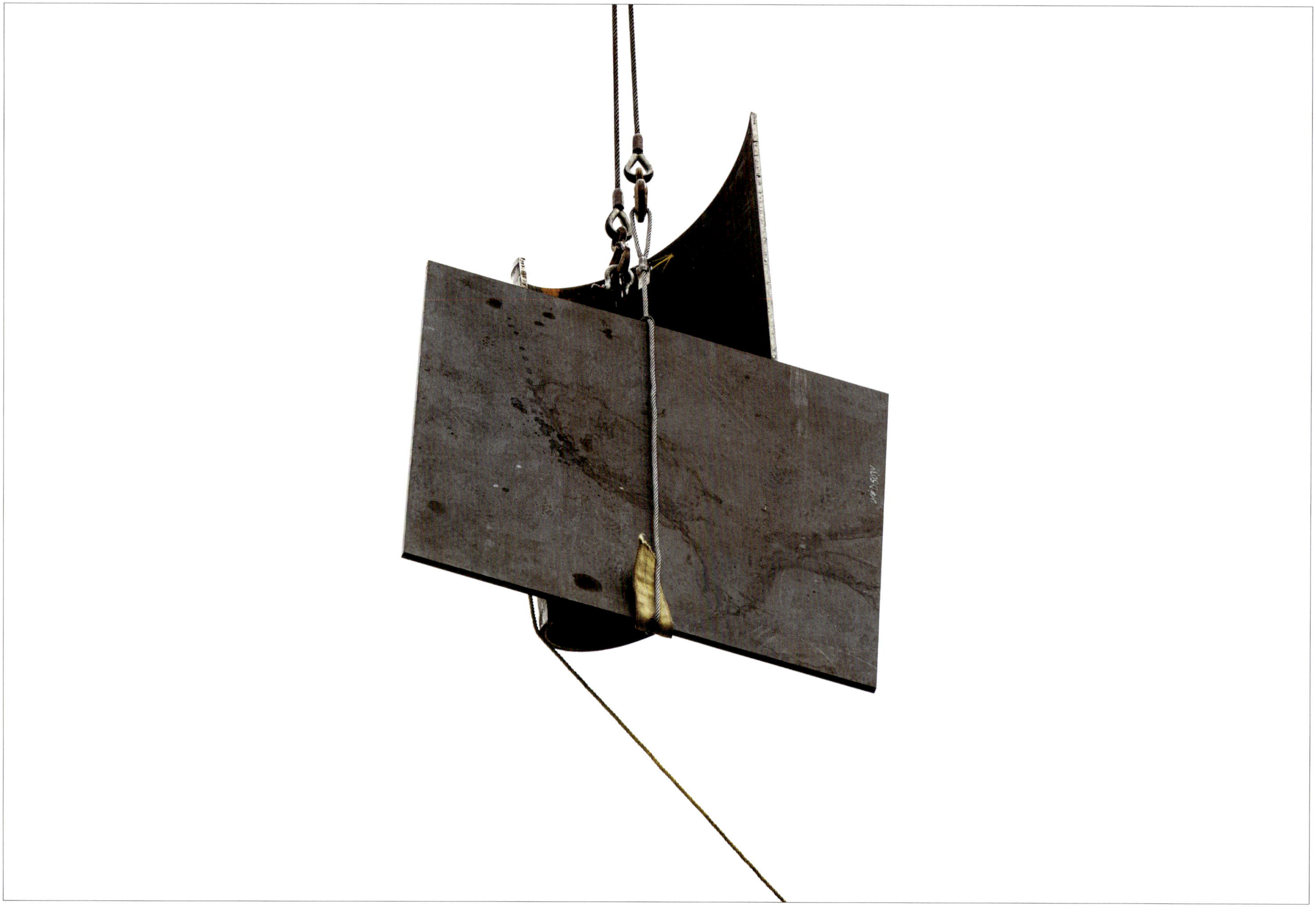

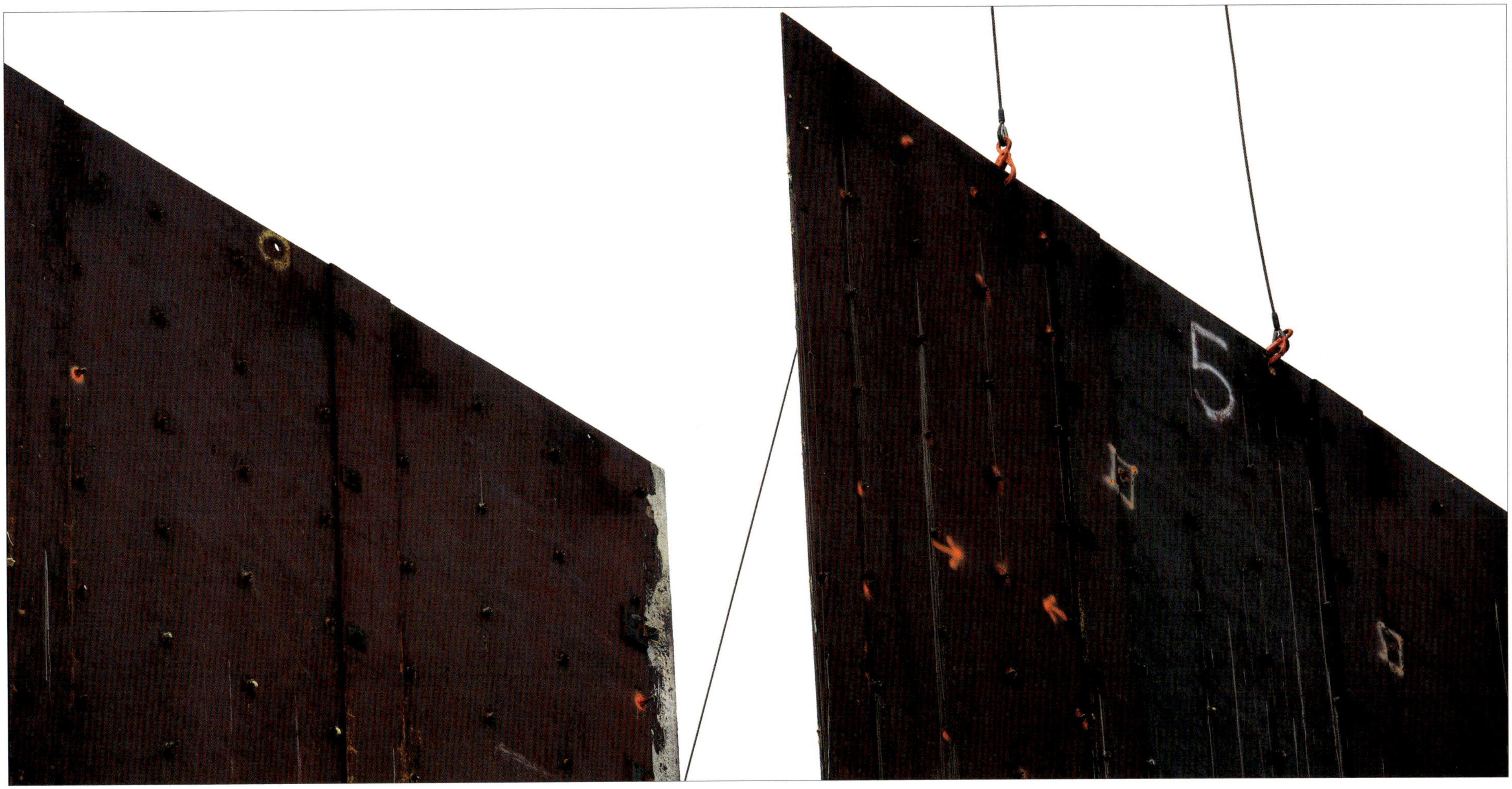
5

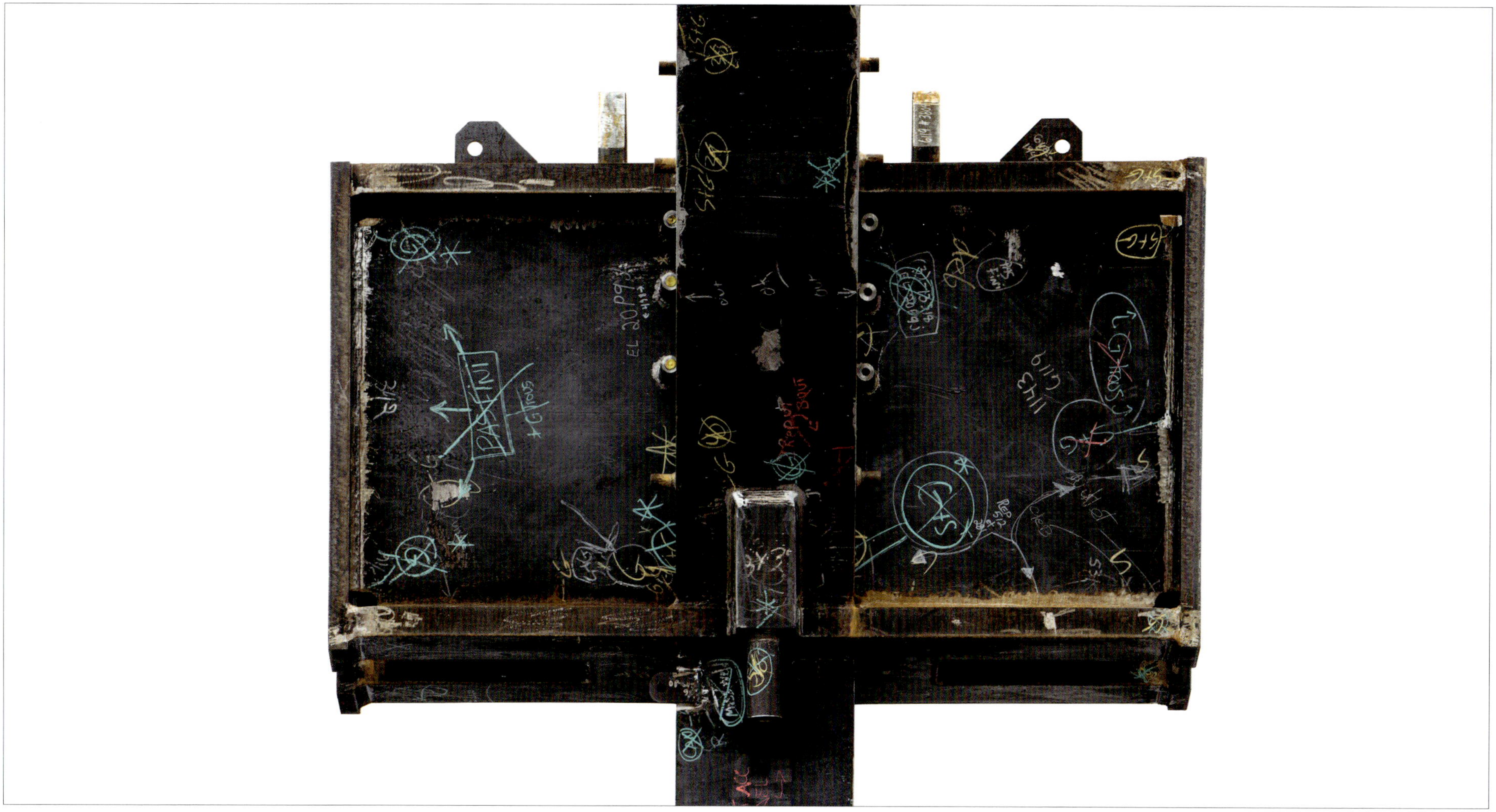

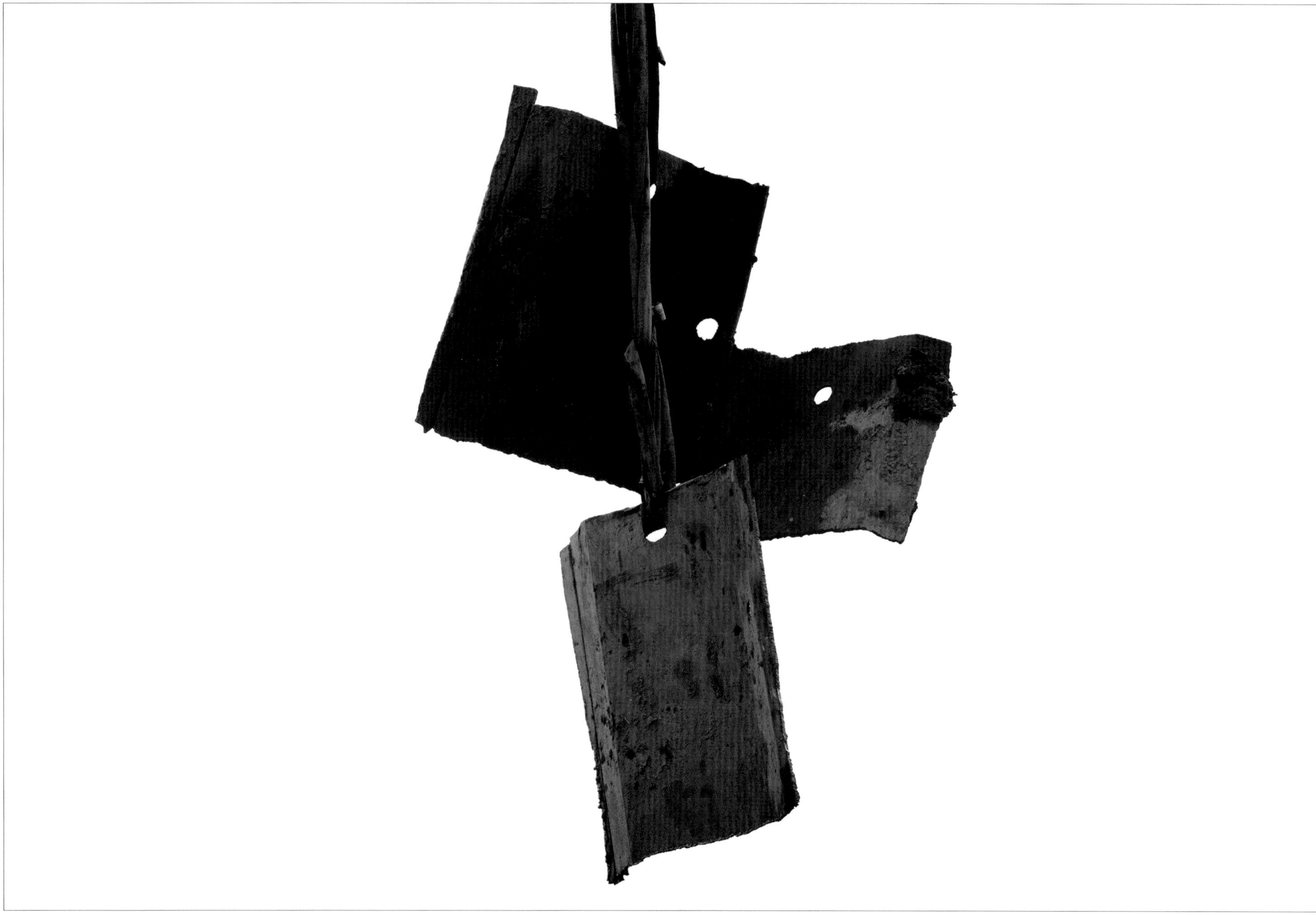

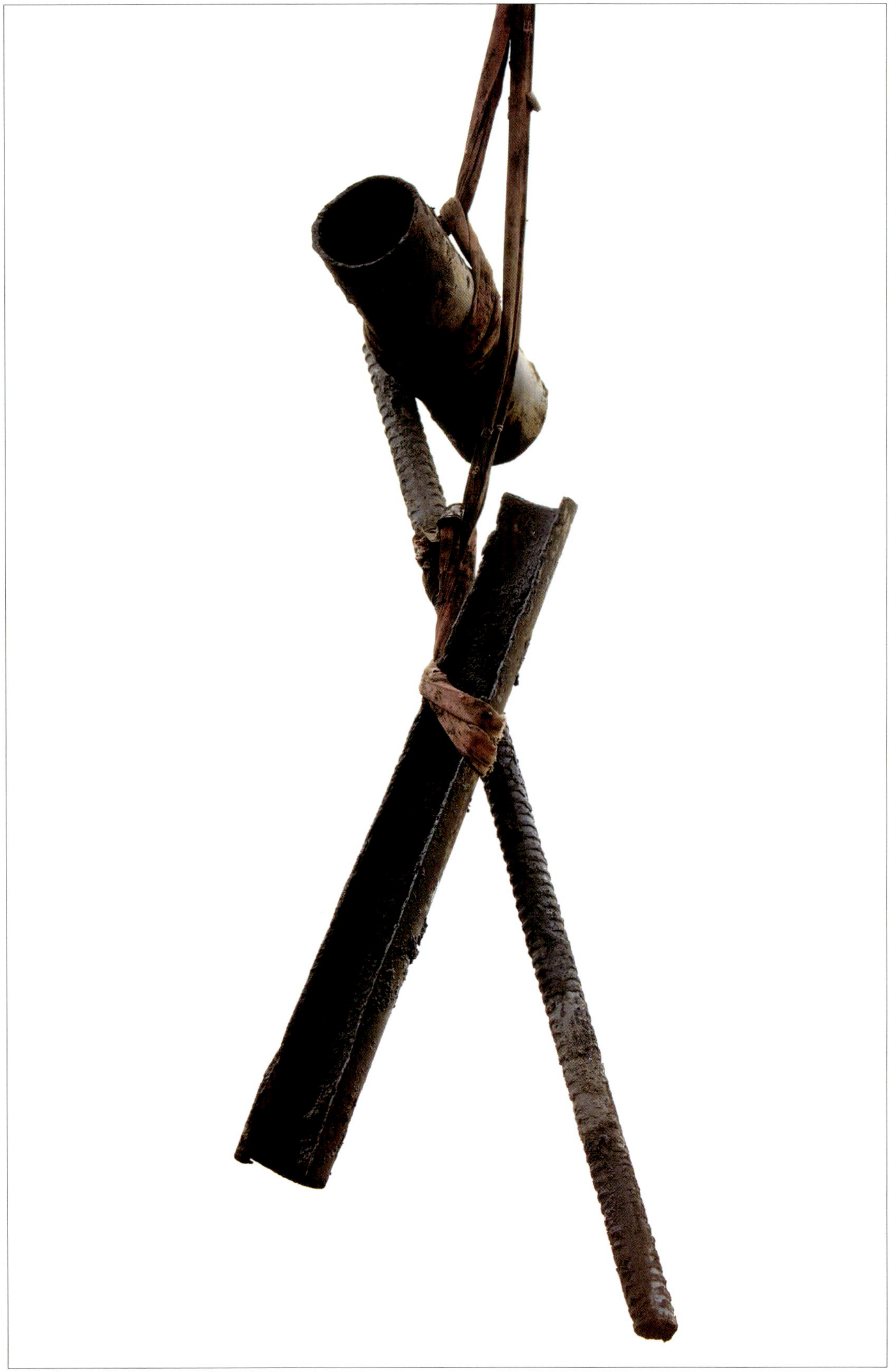

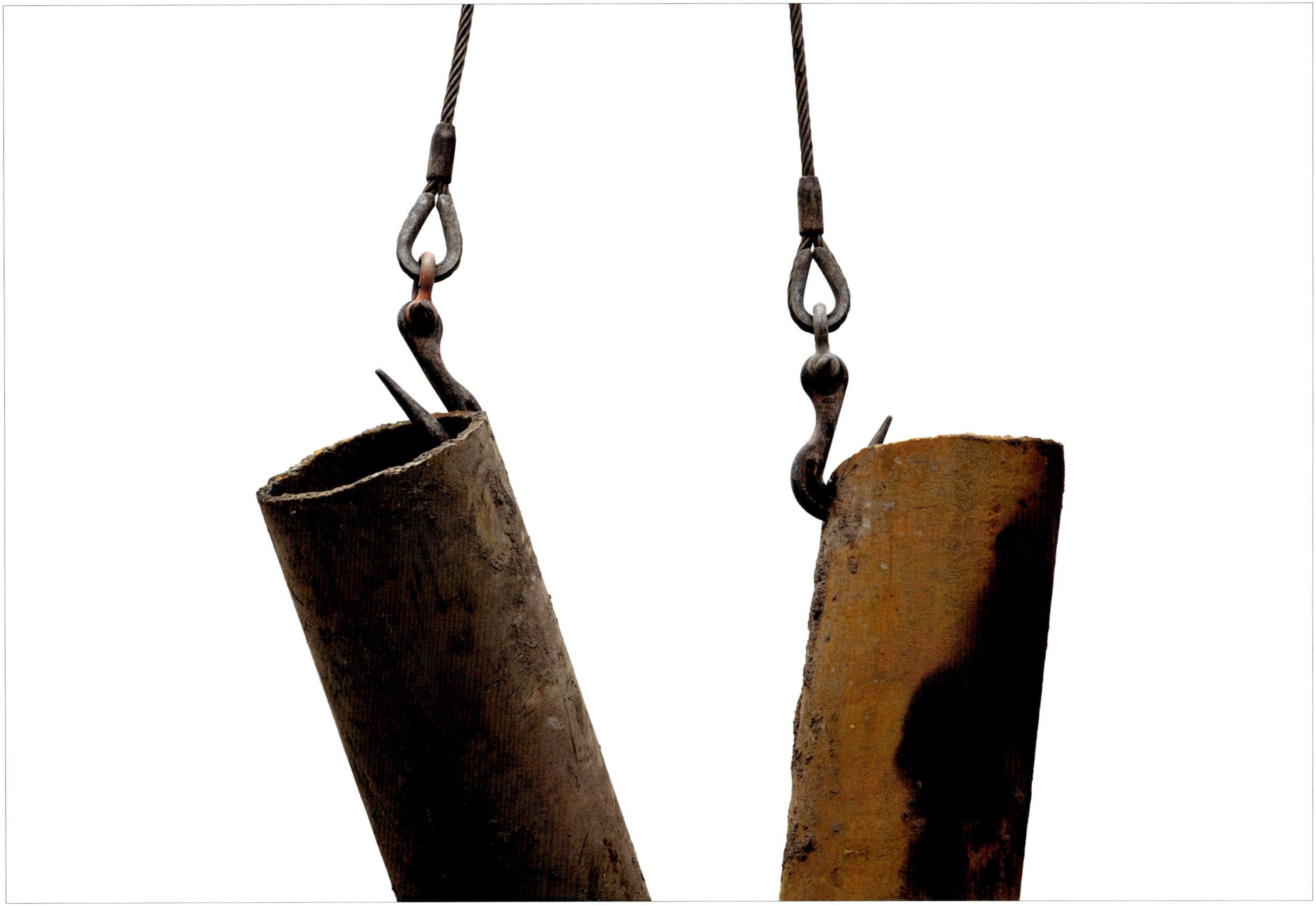

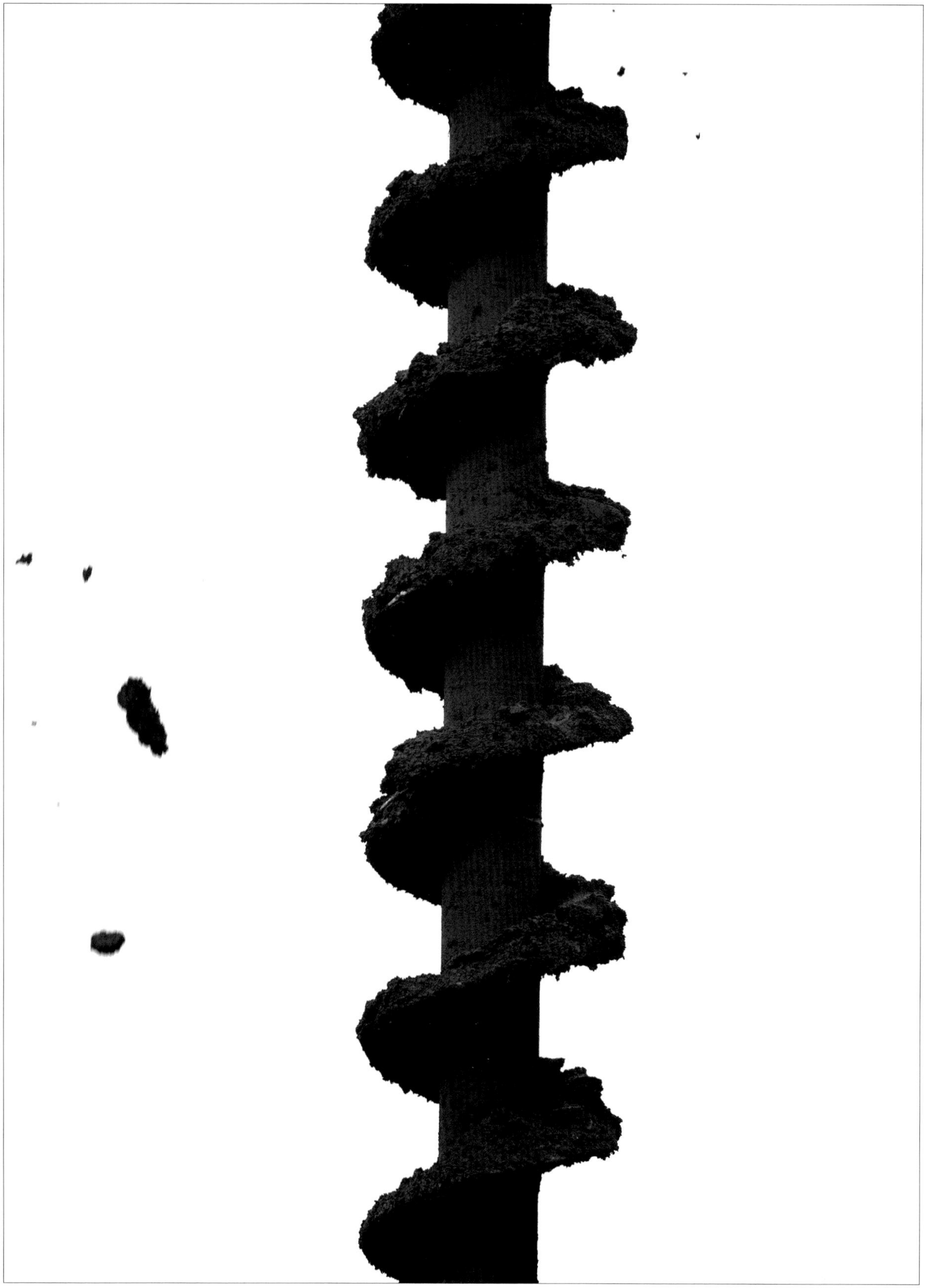

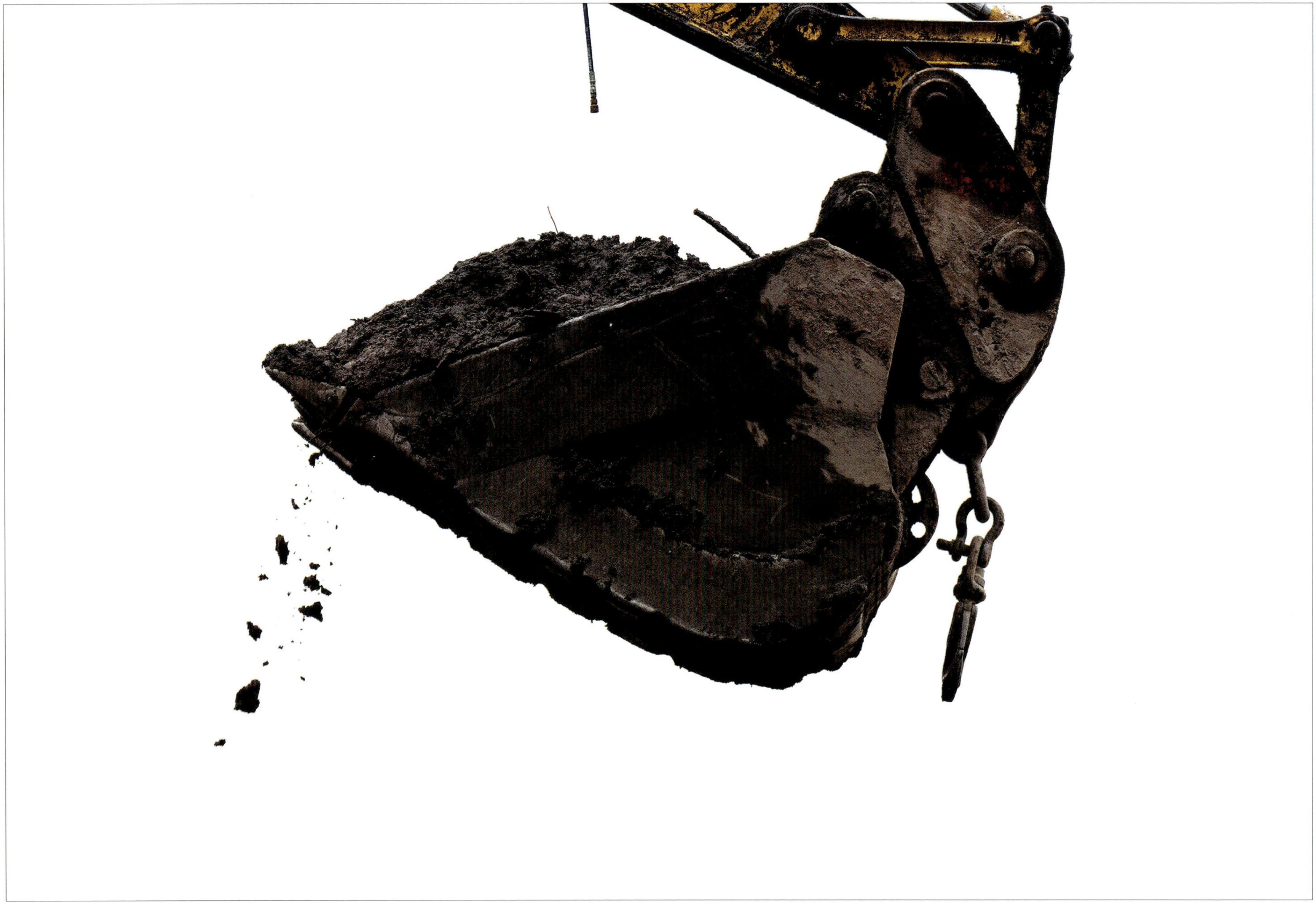

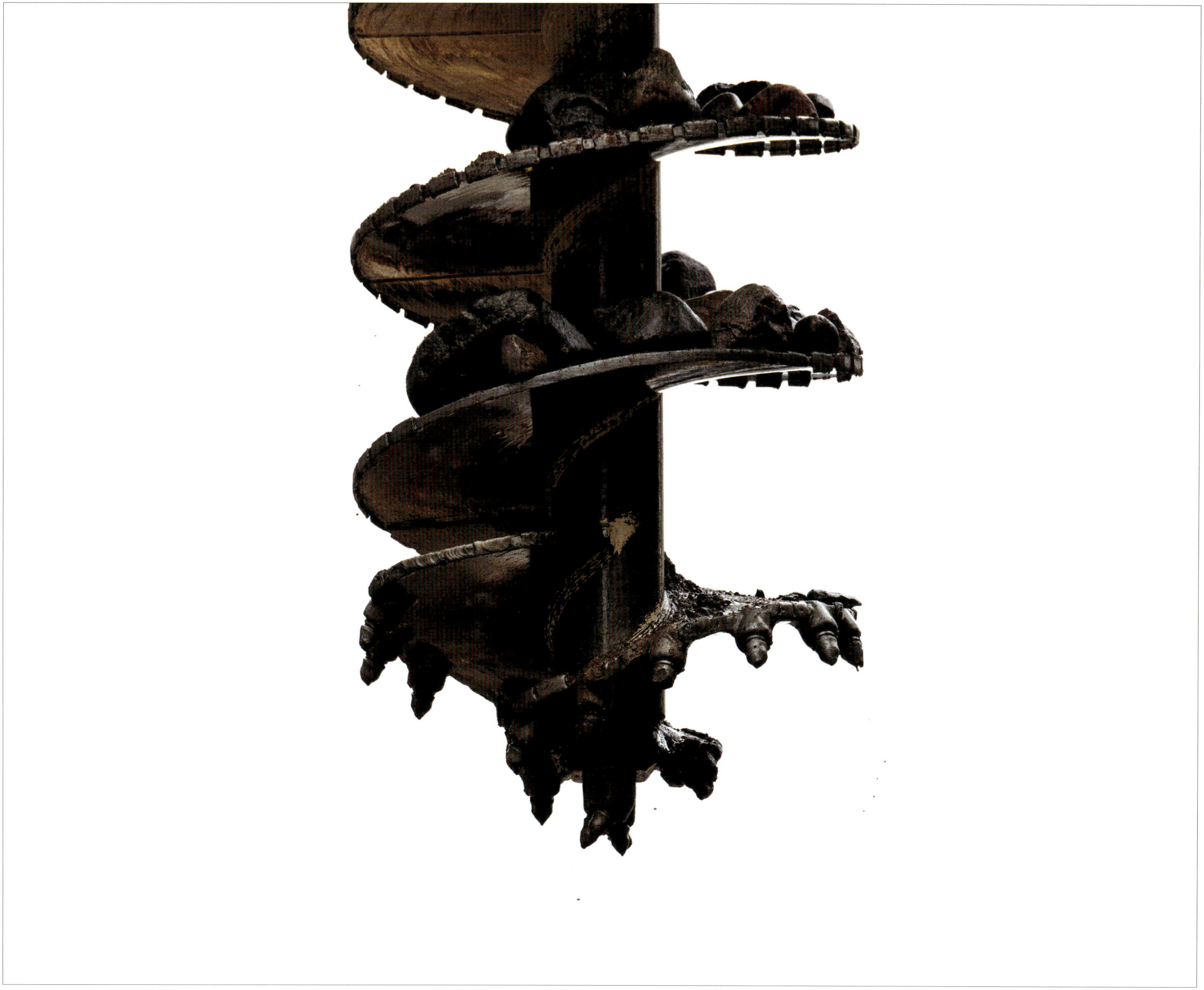

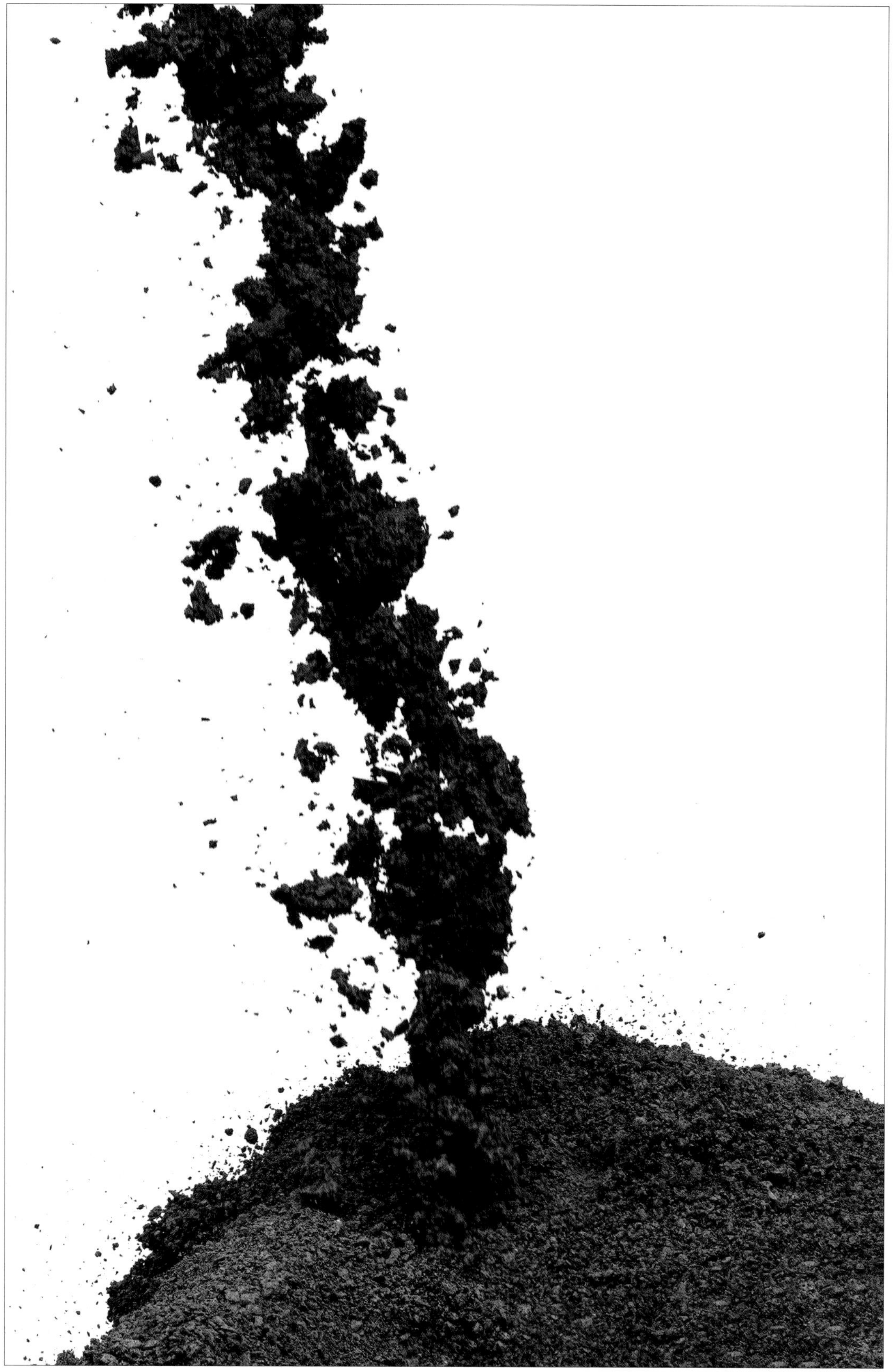

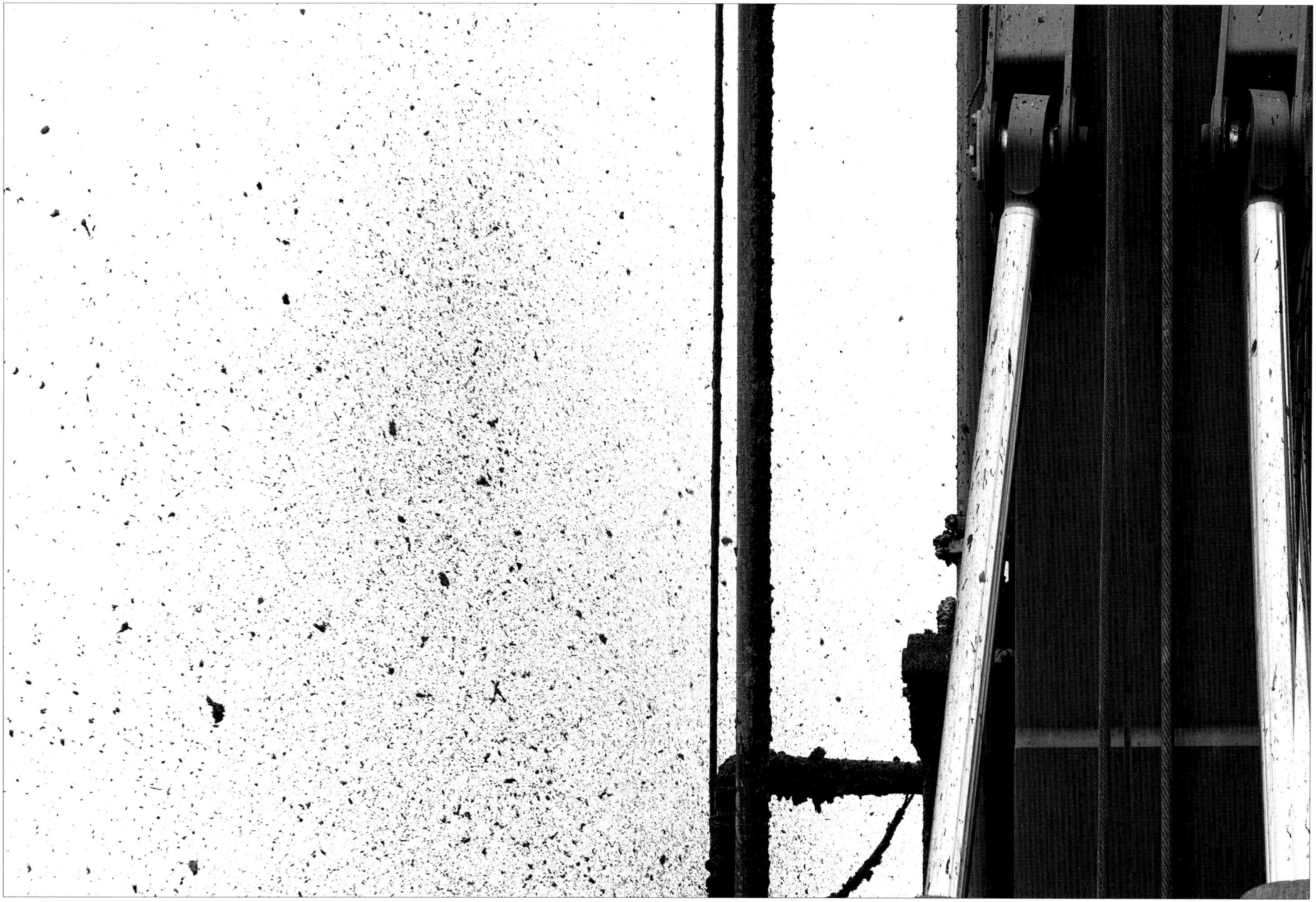

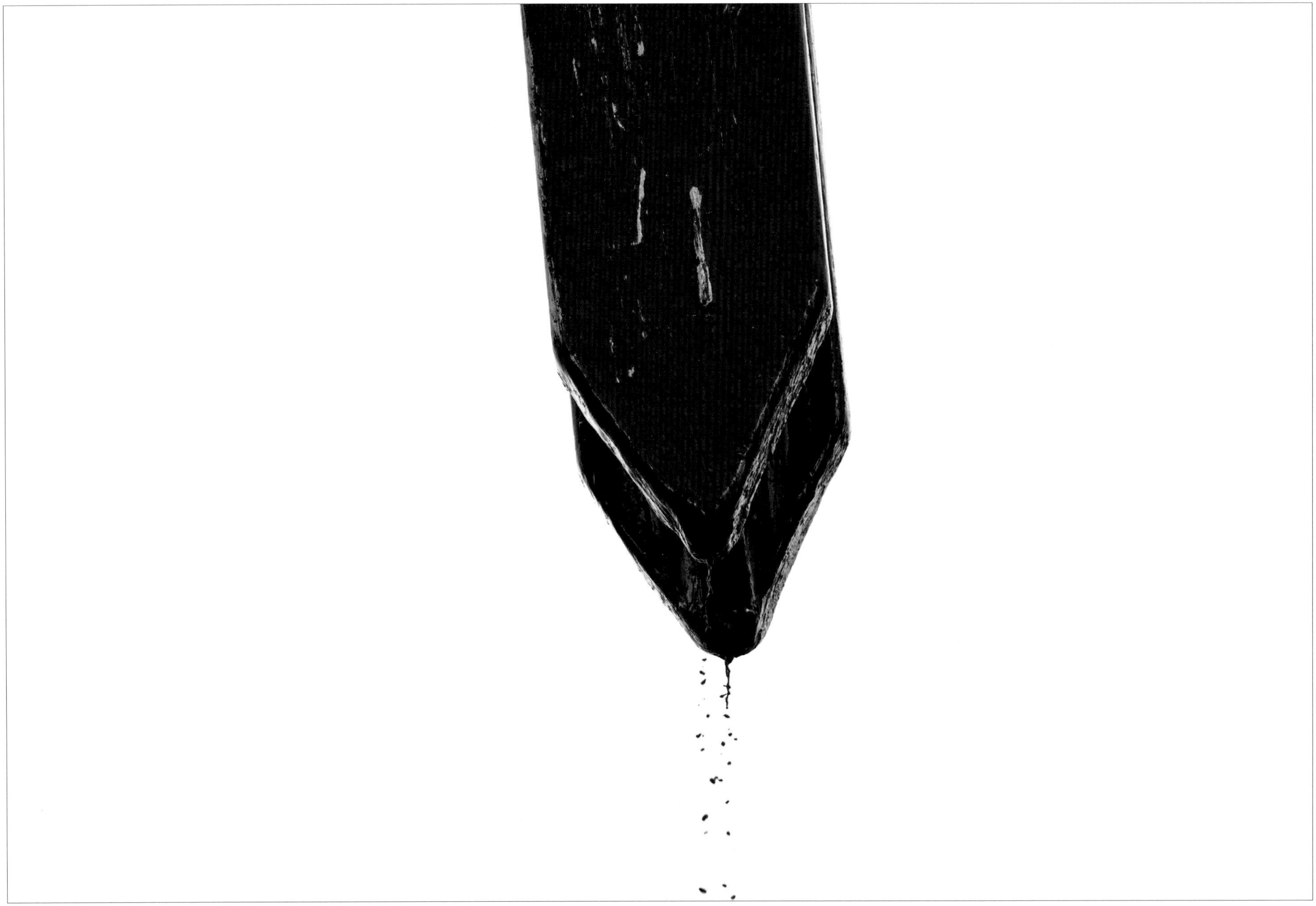

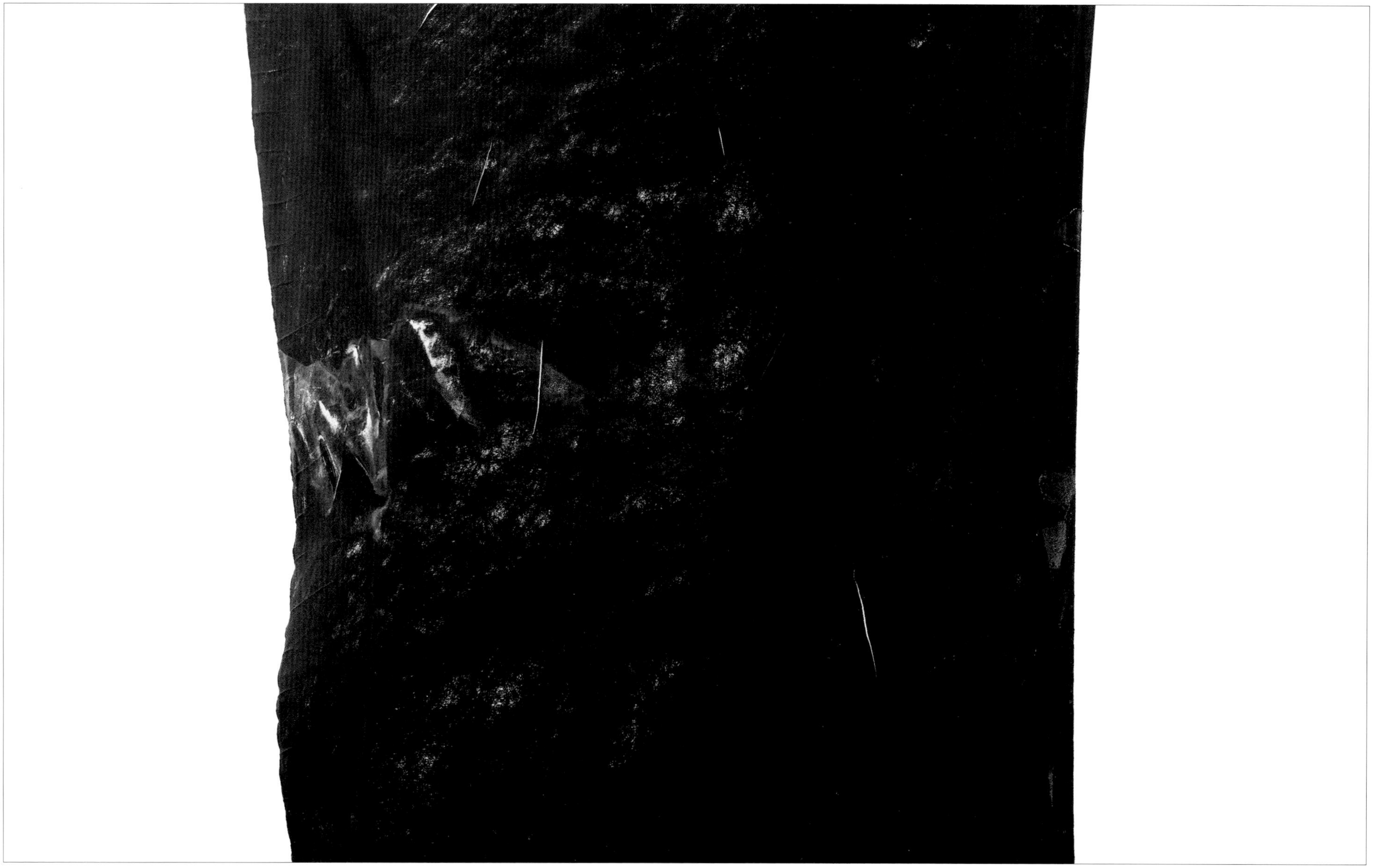

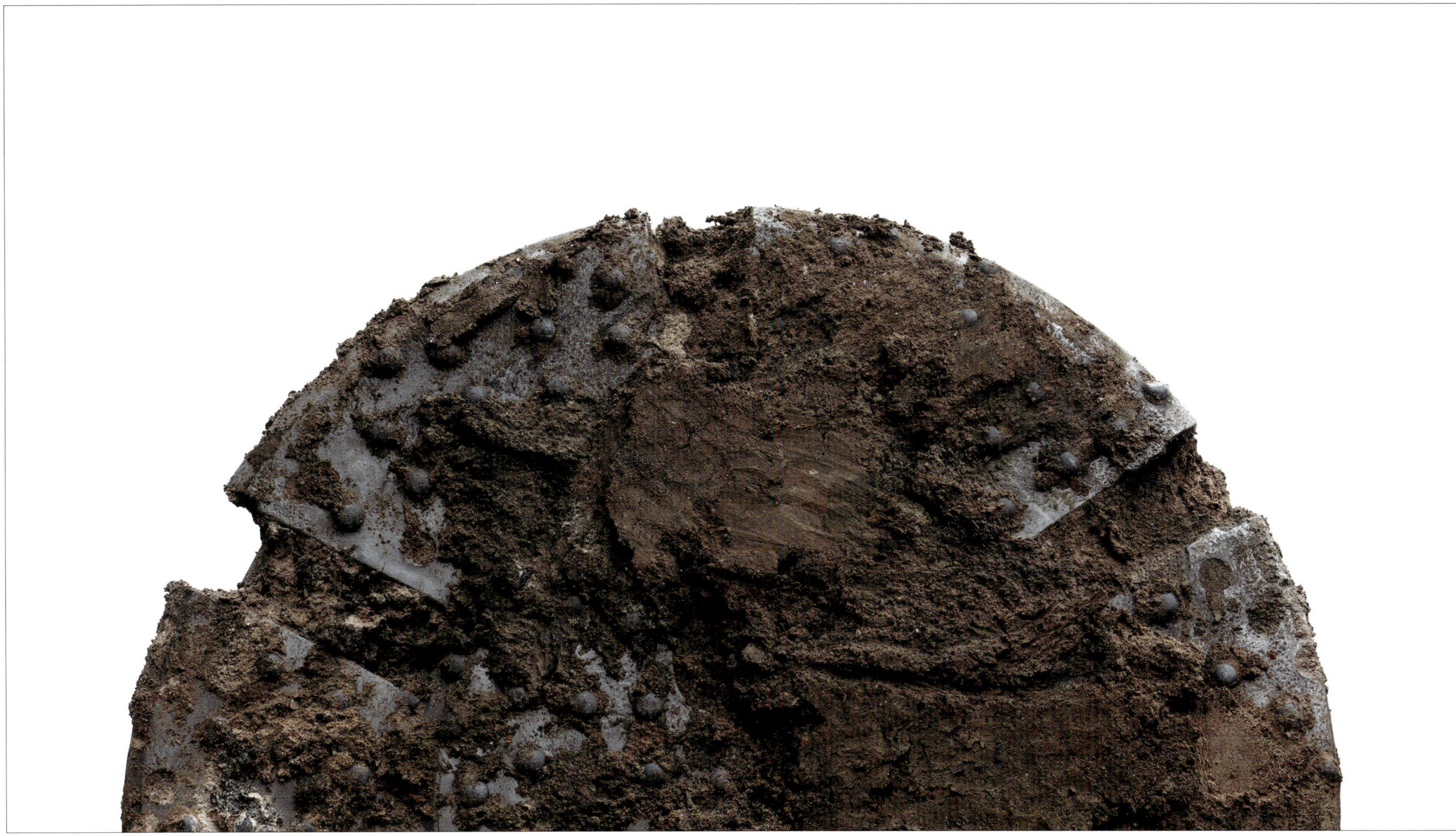

List of Works
Index des œuvres

8-9 *Construction Barricade in Snow*, 2010
21 *Crane Hook*, 2013
22 *Hopper*, 2013
23 *God Squad*, 2013
24 *Bobbins*, 2013
25 *Pentaform*, 2013
27 *Rebar Drawing, Bangles*, 2013
29 *Scarf*, 2013
30 *Spray*, 2013
31 *Arc*, 2016
32 *Rebar Drawing, Apparatus*, 2013
33 *Rebar Drawing, Trap*, 2013
34 *Rebar Drawing, Intersecting Cubes*, 2016
35 *Rebar Drawing, Frantic*, 2013
36 *Rebar Drawing, Observatory Time*, 2013
37 *Rebar Drawing, Giverny*, 2014
38 *Rebar Drawing, Perspective*, 2013
39 *Rebar Drawing, Cross Hatch*, 2014
41 *Rebar Drawing, Orthogonal*, 2017
42 *Rebar Drawing, Axonometric*, 2019
43 *Rebar Drawing, Anamorphosis*, 2020
44 *Black, Orange and Yellow*, 2014
45 *Form*, 2014
47 *Multiform #3*, 2014
48 *Multiform #22*, 2014
49 *Multiform #24*, 2014
51 *Timber Top*, 2019
52-3 *Rebar Drawing, Wave*, 2020
54 *Green Rebar, Tags*, 2020
55 *Rebar Drawing, Isometric Cylinder*, 2018
57 *Plate Glass Painting*, 2019
58 *Multiform, Glass and Hand*, 2017
59 *Scrim*, 2016
61 *Multiform, Glass, Lifter*, 2017
63 *Repetition Two*, 2018
64 *Floating Pillows*, 2019
65 *Yellow Nuts*, 2018
67 *Pipeform*, 2017
69 *Black Iron*, 2017
70 *Out-of-Round*, 2014
71 *Rebar Drawing, Diamonds*, 2016
72 *Rebar Drawing, Yard Arm*, 2017
73 *Rebar Drawing, Staffs*, 2018
75 *Static*, 2014
76 *Catenaries*, 2018
77 *Charms*, 2019
78 *Bouquet*, 2019
79 *Glove*, 2024
81 *Electromagnetic Crane Drawing*, 2020
82 *D.A.*, 2014
83 *Gun*, 2021
85 *Oxidation Drawing*, 2018
86 *Cruciform*, 2015
87 *Caisson*, 2014
89 *Domino*, 2019
90 *Accretion*, 2017
91 *Impastoed Pilings*, 2018
92 *Steinberg*, 2019
93 *Moth-Eaten Steel*, 2016
94 *Flat Plate, Curved Plate*, 2019
95 *Rhomboids*, 2016
97 *Notations*, 2016
99 *Scrap*, 2019
100 *Smith*, 2019
101 *Cutoffs*, 2019
102 *Auger*, 2019
103 *Shovel*, 2019
104 *Scoop*, 2019
105 *Helix*, 2020
107 *Conveyor*, 2021
109 *Muddy Mist*, 2019
111 *Muddy Plate*, 2019
112 *Spear*, 2023
113 *Muddy Curtain*, 2021
115 *Core Drill Bit*, 2021

Biographie

Né à Long Island, New York, Jan Staller vit et travaille à New York. Son travail a été exposé aux niveaux national et international dans des lieux tels que le Museum of Modern Art, le New Museum, le Whitney Museum of American Art, le Brooklyn Museum, le Museum of the City of New York, la New-York Historical Society et le High Museum. En 2018, des expositions personnelles de son travail ont été organisées par le Amon Carter Museum et le Heckscher Museum.

Staller a reçu des prix du National Endowment for the Arts et de la société Hasselblad. Trois monographies de son travail ont été publiées : *Frontier New York* (Hudson Hills Press), *On Planet Earth* (Aperture) et *Film Forum Under Construction 2018* (Film Forum). En 2014, il a été le sujet du film documentaire *A Curiosity for the World* de Dale Schierholt. Son travail a été présenté et critiqué dans des publications telles que *The New York Times*, *The New Yorker*, *New York Magazine*, *The Boston Globe*, *Artforum*, *Art on Paper*, *Artnews*, *Forbes*, *The San Francisco Sunday Examiner & Chronicle* et *Harper's*.

Les photographies de Staller font partie des collections permanentes du Metropolitan Museum of Art, du Museum of Modern Art, du Whitney Museum of American Art, du Museum of the City of New York, de l'Art Institute of Chicago, du San Francisco Museum of Modern Art, du Brooklyn Museum, du Museum of Fine Arts de Houston, de l'International Center of Photography et de la Bibliothèque nationale de France (Paris), entre autres.

Il a également réalisé des reportages photographiques pour de nombreuses publications, notamment *Time*, *Life* , *New York Magazine*, *Fortune*, *Condé Nast Traveler*, *Wired* et *The New York Times*.

Staller a enseigné la photographie à la School of Visual Arts et à l'International Center of Photography, et il a donné des conférences dans le monde entier sur son travail.

En plus de ses projets photographiques et vidéo, Staller s'intéresse depuis longtemps à l'architecture et au design industriel. Il a conçu et fabriqué une gamme d'objets, notamment des luminaires uniques, des meubles, des bijoux et d'autres pièces fonctionnelles.

Biography

Born in Long Island, New York, Jan Staller lives and works in New York City. His work has been exhibited both nationally and internationally at venues such as the Museum of Modern Art, the New Museum, the Whitney Museum of American Art, the Brooklyn Museum, the Museum of the City of New York, the New-York Historical Society, and the High Museum. In 2018, solo exhibitions of his work were organized by the Amon Carter Museum and the Heckscher Museum.

Staller has received awards from the National Endowment for the Arts and the Hasselblad Corporation. Three monographs of his work have been published: *Frontier New York* (Hudson Hills Press), *On Planet Earth* (Aperture), and *Film Forum Under Construction 2018* (Film Forum). In 2014, he was the subject of the documentary film *A Curiosity for the World* by Dale Schierholt. His work has been featured and reviewed in publications such as *The New York Times*, *The New Yorker*, *New York Magazine*, *The Boston Globe*, *Artforum*, *Art on Paper*, *Artnews*, *Forbes*, *The San Francisco Sunday Examiner & Chronicle*, and *Harper's*.

Staller's photographs are in the permanent collections of the Metropolitan Museum of Art, the Museum of Modern Art, the Whitney Museum of American Art, the Museum of the City of New York, the Art Institute of Chicago, the San Francisco Museum of Modern Art, the Brooklyn Museum, the Museum of Fine Arts, Houston, the International Center of Photography, and the Bibliothèque Nationale (Paris), among others.

He has also completed photography assignments for many publications, including *Time*, *Life*, *New York Magazine*, *Fortune*, *Condé Nast Traveler*, *Wired*, and *The New York Times*.

Staller has taught photography at the School of Visual Arts and the International Center of Photography, and he has lectured worldwide about his work.

In addition to his photography and video projects, Staller has had a longstanding involvement with architecture and industrial design. He has designed and fabricated a range of objects, including unique lighting, furniture, jewelry, and other functional pieces.

5 CONTINENTS EDITIONS

Editor-in-Chief | Rédacteur en chef
Aldo Carioli

Art Director
Oliver Barstow

Editor | Rédactrice
Lucia Moretti

Editing | Sécretariat de rédaction
Jennifer Coe, Sylvie Philippon

French Translation | Traduction en français
Elisabeth Raffy

Pre-press
Maurizio Brivio, Milan, Italy

Printed on Sappi Magno Satin 170 gr paper and bound in Italy in May 2025
by Tecnostampa – Pigini Group Printing Division Loreto – Trevi, Italy
for 5 Continents Editions, Milan

Achevé d'imprimer en Italie sur papier Sappi Magno Satin 170 gr sur les presses de Tecnostampa – Pigini Group Printing Division Loreto – Trevi, Italie pour le compte de 5 Continents Editions, Milan, en mai 2025

sappi | Magno Satin

www.fivecontinentseditions.com

ISBN 979-12-5460-095-5

Distributed by ACC Art Books throughout the world, excluding Italy. Distributed in Italy and Switzerland by Messaggerie Libri S.p.A.

Distribution en France et pays francophones
BELLES LETTRES / Diffusion L'entreLivres

PHOTO CREDITS | CRÉDITS PHOTOGRAPHIQUES

FIG. 2: Digital Image, Whitney Museum of American Art, New York / Licensed by Scala, Firenze / © SIAE 2025
FIG. 4: Digital image, The Museum of Modern Art, New York / Scala, Firenze
FIG. 6: © Michael Heizer / Courtesy of Triple Aught Foundation / Photo Ben Blackwell
FIG. 8: Courtesy of The Drawing Center, New York
FIG. 10: Carl Andre / Artists Rights Society (ARS), New York / Courtesy of Paula Cooper Gallery / Photo Tom Powel / © SIAE 2025

Front Cover | Couverture
Rebar Drawing, Axonometric, 2019

While wishing for no attribution, a dear person deserves my deepest thanks. For that, I and my work have become much more than had I gone it alone.

Tout en souhaitant qu'aucuns remerciements lui soit adressés, une personne chère mérite mes remerciements les plus sincères. Grâce à elle, mon travail et moi-même sommes devenus bien plus que si j'avais cheminé seul.

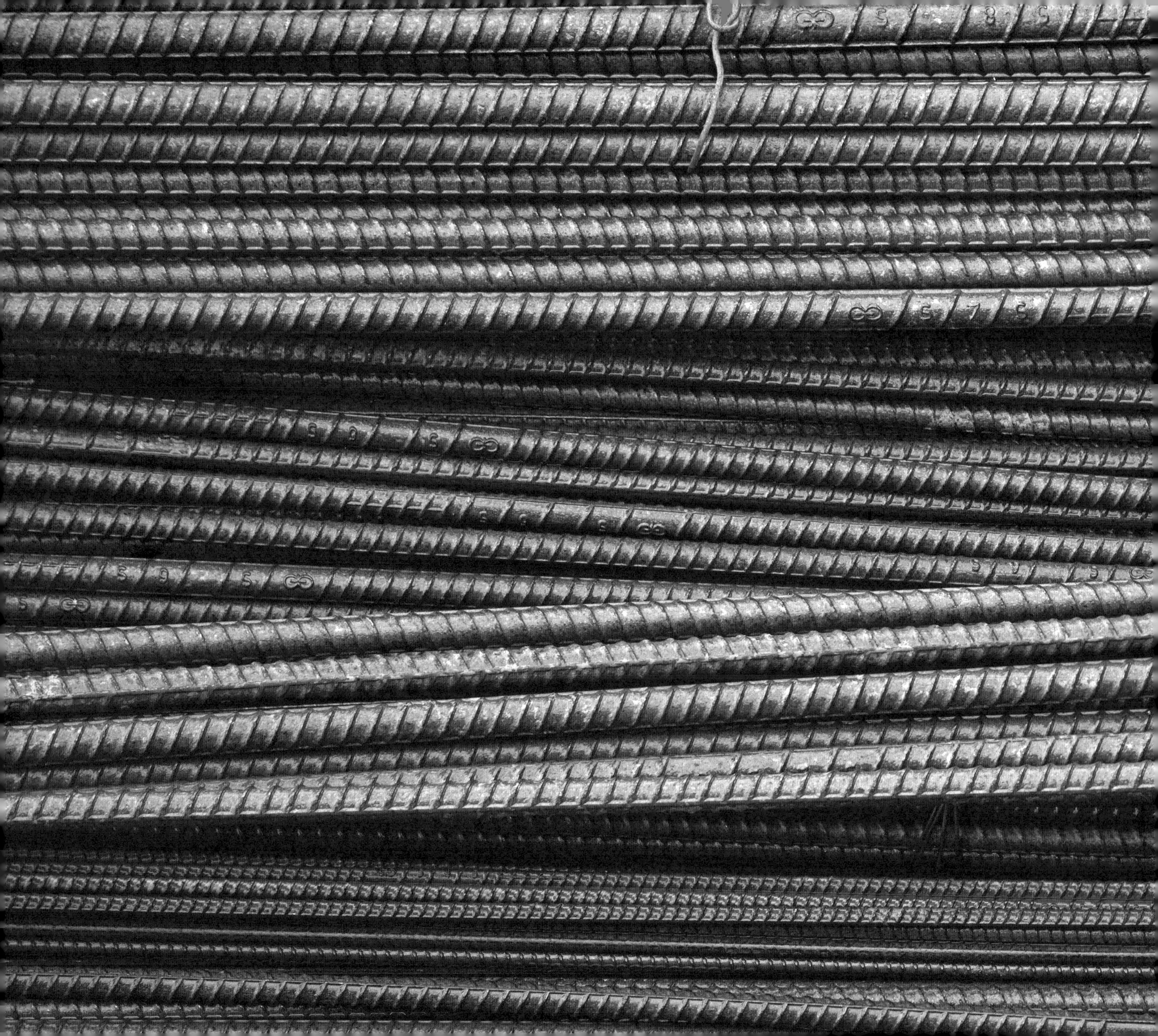